Beatrice von Matt

Mein Name ist Frisch

Begegnungen
mit dem Autor und seinem Werk

Nagel & Kimche

Der Verlag dankt
dem Präsidialdepartement
der Stadt Zürich
für seine freundliche Unterstützung

2 3 4 5 15 14 13 12 11

Herstellung: Andrea Mogwitz und Rainald Schwarz
Satz: Satz für Satz. Barbara Reischmann
Druck und Bindung: Friedrich Pustet
ISBN 978-3-312-00476-8
Printed in Germany

1. Momente der Erinnerung

Die Briefkarte kam Ende Februar 1991. Max Frisch hatte sie an mich auf die Redaktion der *Neuen Zürcher Zeitung* geschickt. Er schlug mir ein Treffen vor. Ich sollte gegen Abend bei ihm zum Aperitif vorbeikommen, wenn mir das Büro verleidet sei. Als ich ihn anrief, meinte er, lange aufschieben lasse sich der Termin freilich nicht. So kam es, dass ich Max Frisch am 8. März 1991 zum letzten Mal sah. Seine Wohnung lag an der Stadelhoferstraße, unweit der Redaktion.

Auf ähnliche Weise nahm er damals Abschied von vielen seiner Bekannten und Freunde. Er bestellte sie einzeln an sein Krankenbett und führte ein freies und offenes Gespräch. So berichtete er mir von seinen Träumen, von den langen Tagen, und wie er die Lichtverhältnisse im Zimmer erlebte. Das Bett – ein Spitalbett – stand in der Mitte des großen hellen Wohnraums. An jenem Tag hatte er eben erfahren, dass das Schauspielhaus Zürich an seinem achtzigsten Geburtstag, am kommenden 15. Mai, den dritten Akt seines letzten großen Stücks *Triptychon* spielen werde. Und zwar in der Wiener Inszenierung von Erwin Axer mit Elisabeth Orth und Joachim Bißmeier. Ich sah, wie er sich darüber freute. Dass ihm dieser dritte Akt so am Herzen lag, hatte ich nicht gewusst und hätte es eigentlich auch nicht gedacht. Ich hatte die Szene immer etwas undramatisch gefunden. Für ihn aber war es offensichtlich eine wichtige Beschwörung seiner einstigen Liebe zu Ingeborg Bachmann. Ein wenig bekümmerte ihn, dass die Darsteller jener Aufführung inzwischen zehn Jahre älter seien.

Neben dem frühen Drama *Graf Öderland*, das er für sein bestes ansah, sein «lebendigstes», wie er sagte, bezeichnete Frisch das späte *Triptychon* überhaupt als sein Lieblingsstück. Die Aufführung, die 1981 im Wiener Akademietheater stattgefunden hatte, hielt er für die gelungenste von allen. Der dritte Akt wurde dann auch tatsächlich gespielt am 15. Mai 1991 – als Höhepunkt des Gedenktages für den am 4. April Verstorbenen.

An jenem Treffen kam er aber auch – unvermeidlich – auf *sein* Thema zu sprechen, die Schweiz und was er für deren Niedergang ansah. Allmählich könnte er sich in dieser Frage etwas versöhnlicher zeigen, dachte man manchmal. Doch gerade in seinen letzten beiden Lebensjahren sah er sich in seiner kritischen Haltung erneut bestärkt. 1989 hatte er vernommen, dass er seit dem Internationalen Friedenskongress vom August 1948 in Breslau vom schweizerischen Verfassungsschutz beobachtet worden war. Obwohl er den Kongress damals aus Protest gegen die Veranstalter vorzeitig verlassen hatte, verdächtigte man den Autor seither des Kommunismus. Es herrschte der Kalte Krieg. Man führte Buch, erstellte fleißig Karteikarten, sogenannte Fichen, über ihn wie über Tausende andere, die man alle für Agitatoren hielt. 1990 wurde bekannt, welches Ausmaß das Denunziantentum angenommen hatte. Die «Fichenaffäre» brachte das ganze Land in Aufruhr. Dem kranken Frisch setzte sie schwer zu. Kurz zuvor hatte er seine Diagnose erhalten: Leberkrebs.

Es war auch das Jahr, als sein literarisch-politischer Dialog *Schweiz ohne Armee? Ein Palaver* erschien. Nach längerem Zögern – einem friedlichen Europa traute er nur halb – hatte sich Frisch anlässlich der Volksinitiative zur Abschaffung der Schweizer Armee an die Niederschrift eines Gesprächs zwischen «Enkel» und «Großvater» gemacht. Das ruhige Hin und Her zwischen den Generationen über Sinn und Nutzen der Schweizer Armee war dem Aufklärer Denis Diderot und dem Deserteur Ulrich Bräker gewidmet. Die dramatisierte Fassung *Jonas und sein Veteran* war am 19. Oktober 1989 über die Bühne des Zürcher Schauspielhauses gegangen und hatte dem Autor neben Ovationen auch gehässige Anfeindungen eingetragen. Und da war noch etwas: der Mauerfall in Berlin am 9. November. Wir saßen an dem Abend zusammen, eingeladen beim Arzt Johann Steurer. Frisch äußerte sich skeptisch zu den Ereignissen. Der Gedanke an ein allzu mächtiges Deutschland war ihm unheimlich.

Nichts mochte Frisch dem Zufall überlassen, nicht einmal sein Sterben, auch seine letzten Handlungen waren geplant, gesetzt. Die Abdankung in der Kirche St. Peter in Zürich war in jedem Detail festgelegt. Auch davon redete er an jenem Märznachmittag bei meinem letzten Besuch. Er wusste, wo im ausgemessenen Chorraum der Sarg stehen und sein Freund Peter Bichsel etwas sagen werde. Die Trauerfeier vom 9. April 1991 fand denn auch genau so statt, wie er es gewollt hatte. Die Gefährtin seiner letzten Jahre, Karin Pilliod-Hatzky, verlas eine Erklärung. Ein Pfarrer war nicht vorgesehen.

Das Chaos lauerte für diesen Schriftsteller im Zufall, darum ging er diesem aus dem Weg, überlistete ihn mit eigenen Entschlüssen. Er nahm Geschick und Leben in die Hand bis zum Schluss, solange es ging. Für den Fall, dass sein Geist sich trüben sollte vor dem Tod, hatte er angeordnet, dass ihn dann niemand sehen dürfe, «usser villicht d'Chind». Er hatte sich auch wirksame Tabletten für diesen Fall beschafft.

Ich fragte ihn, ob ihn der Gedanke, tot zu sein, nicht ängstige. Nein, keine Sekunde in seinem Leben habe er sich vor dem Tod gefürchtet. Über den Tod habe er zeit seines Lebens nachgedacht, ihn bei allem immer in Rechnung gestellt. Ihn ängstige nur «die Sterberei», wie er sich ausdrückte.

Bei jeder Begegnung mit Max Frisch hatte ich die Empfindung, noch nie einen so verletzlichen und so menschlichen Menschen, gleichzeitig einen von so heller, harter Konsequenz gekannt zu haben. Ich ahnte auch, dass seine Unerbittlichkeit mit einer Gefährdung, dem drohenden Chaos im Innern zu tun hatte. Sein triebhafter Gestaltungswille musste dieses Chaos fernhalten: in seinem Leben, seinem Sterben, und vor allem auch in seinem Schreiben.

Die Energie, mit der Max Frisch sein Sterben anging, erfüllte mich mit Bewunderung und Irritation. Er ist in seine letzten Wochen eingetreten wie in eine Zone voller Hinterhalte. Täglich galt es, sich neu einzurichten, damit die Gefahr, die Unordnung, nicht überhandnehme. Der planende Wille ging bis über den Tod hinaus.

Natürlich wusste man, dass es Wirrsal und Verwirrung in seinem Leben gegeben hat. Man musste ja nur *Montauk* lesen, das «ehrliche Buch». Da sein Ordnungsbedürfnis aber aus einem schonungslosen Willen zur Wahrheit kam, nicht zuletzt zur Wahrheit über sich selbst, hat er für uns alle, uns inkonsequente Verdränger, Erkenntnisarbeit geleistet und die Last der Konsequenz getragen. Er ist diese Aufgabe immer neu angegangen, in jeder der unterschiedlichen Phasen seines Werks, immer im Bemühen, sich und seiner jeweiligen Gegenwart gerecht zu werden.

Wachheit, Wachsamkeit haben sein Schreiben bestimmt. Das Schreiben als ein Zeichnen von klaren Linien, Errichten von Schranken, geistigen Ordnungen, die das Verworrene aussperren sollten. Schon früh ist sich der Autor darüber klargeworden, schon im *Tagebuch 1946–1949*. Die geglückte Form eines einzelnen Satzes war für ihn die Rettung vor dem Irrsinn der Unordnung.

Im Schreiben organisierte er die Welt, im Setzen eines Satzes, in der Konstruktion des Ganzen. Daran hielt er von Anfang an fest, und bis zum Ende. Der vollkommene Satz bedeutete Befreiung von der lauernden Desorganisation. Im ersten Tagebuch wird diese Erfahrung ausführlich erörtert: «Erst in Zeiten, wo die Arbeit uns wieder verlassen hat, zeigt es sich deutlicher, warum man, wenn irgend es geht, überhaupt arbeitet; es ist das einzige, was uns am Morgen, wenn man jäh und wehrlos erwacht, vor dem Schrecken bewahrt.» Ohne Arbeit könne man kaum durch die Vorstädte gehen, ohne verbraucht zu werden vom Anblick ihrer formlosen Wucherungen. Großes und Kleines lässt sich dort nicht mehr unterscheiden. Jeder Nachricht von Elend und Unordnung ist man ausgeliefert. Doch wenn die Form auch nur eines einzelnen Satzes gelingt, dann kann uns das Uferlose wenig anhaben, «das Gestaltlose im eigenen Innern und rings in der Welt». Das menschliche Dasein erscheint dann plötzlich lebbar. Wir ertragen die Welt, sogar die wirkliche: Wir ertragen sie «in der wahnwitzigen Zuversicht, dass das Chaos sich ordnen lasse, fassen lasse wie einen Satz». Die Form, wo immer sie geleistet wird, erfüllt uns mit Zuversicht, einer «Macht des Trostes, die ohnegleichen ist».

Einen ähnlichen Glauben daran, dass jede Unübersichtlichkeit durch die kompositorische Ordnung des Textes gebannt werde, erkannte Frisch auch bei Georg Büchner. Er sah sich bestätigt durch ein Zitat. Er hatte es an jenem 8. März, da ich ihn besuchte, für einen Freund nachgeschlagen. Büchner hatte in einem Brief von Zürich aus geschrieben: «Ich sitze am Tage mit dem Skalpell und die Nacht mit den Büchern.» Frisch erklärte sich den Satz so: Büchner bringe die naturwissenschaftliche *und* die literarische Arbeit zusammen. Skalpell und Feder täten nämlich das Gleiche. Sie würden hineinschneiden mitten in die Dinge und das Unnötige abtrennen, das Trübe klären, das Falsche erledigen: Schreiben sei ein unerbittlicher, grausamer Akt.

Wenn man weiß, dass eine der Hauptarbeiten an der späten Erzählung *Der Mensch erscheint im Holozän* darin bestand, zu verdichten, Hunderte von Seiten wegzuschneiden, dann war dieser radikale Gestaltungswille das Gegenteil all dessen, was in jenen 1980er Jahren die künstlerischen Amüsements der Postmoderne ausmachte. Lapidar und unheimlich erschien mir das schmale Buch um den Selbstverlust eines alten Mannes. Unerbittlich, böse fast gestaltet sich hier der Verzicht auf alle bunte Verführung. «Postmoderne» war für Frisch ein Schimpfwort, «Posthistoire» der Begriff, der ihm einleuchtete. Er verstand ihn ganz konkret. Fast jenseitige Klarheit leuchtet auf, wenn der Mensch nicht mehr stört mit sinnlosem Tun, mit Verrat an dem, was er hätte tun sollen.

Der Mensch erscheint im Holozän mochte als eine Absage an die Experimente der sechziger Jahre erscheinen, zu denen der Autor mit dem Roman *Mein Name sei Gantenbein* noch so entschlossen beigetragen hatte. Und doch war auch jener spielende Gantenbein schon eine Gestalt der Nachmoderne, glaubenslos, wirkungslos, gelassen auf dem ihm einzig denkbaren Rückzug begriffen. Die späte *Holozän*-Erzählung bedeutete jedenfalls eine Absage an das verzweifelte Dennoch des Existentialismus, wie es in den frühen vierziger Jahren noch die *Blätter aus dem Brotsack* durchbebt hatte. Sie war nicht zuletzt eine Absage an die Rebellion des Anatol Ludwig Stiller. Zumindest jenes Aufmüpfigen, der als Amerikaner White im Gefängnis sitzt. Schaut man allerdings auf das, was Stiller von seinem bildhauerischen Werk hält, so gleicht er doch wieder Herrn Geiser. Auch dieser hat jede Erinnerung an sein Berufsleben getilgt. Im Roman heißt es: «Arbeiten in Lehm, die der verschollene Stiller seinerzeit verlassen hat, sind mit braunem Sacktuch umwickelt, damit der Lehm nicht vertrockne [...] man braucht nur [...] diese Sacktücher wegzuwickeln, und alles wird wie eine Mumie in Staub zerfallen.» Dem erregten Stiller genügt die verbale Vernichtung aber nicht. Er schmettert die Gipsfiguren gegen die Wand, die Bronzen wirft er aus dem Fenster. Sein Ende indessen ist wieder jenem des einsam dahinvegetierenden Geiser ähnlich: Nach Julikas Begräbnis «auf einem fremden Friedhof» zieht Stiller sich von allen zurück, sogar von seinem Freund Rolf, dem Staatsanwalt. Dieser vermerkt nur noch: «Stiller blieb in Glion und lebte allein.» Man habe sich zwar noch dann und wann getroffen, aber seine nächtlichen Anrufe seien ausgeblieben, und «seine Briefe waren karg».

Wenn mir Frisch in späten Jahren ein Buch widmete, dann wurde die Widmung begleitet von Wendungen wie «Dokumente der verlornen Liebesmüh ...» oder «Das Ende vom Lied». Die Schrift von Petra Hagen über *Max Frisch zum Städtebau der fünfziger Jahre* sandte er als «Gruß aus der Zeit der dilettantischen Hoffnungen». Dass die leidenschaftliche Vorsicht, mit der er seine Feder führte, Visionen eines richtigeren Lebens trotzdem nicht ausschloss, das machte ihn einzigartig. Bei aller strengen Kontrolle seines Schreibens ließ er seiner Erzählfreude doch immer wieder freien Lauf. Das führte zu einem erstaunlichen Reichtum von handfesten Geschichten. In der mittleren Schaffensphase, von *Stiller* bis zum *Tagebuch 1966–1971*, ist Frisch einer der kühnsten und phantasievollsten Storyteller seiner Zeit.

So konnte er auch in Gesellschaft erzählen, farbig, lustig, mokant. Er war nicht der Griesgram, als den man ihn heute in der Schweiz gerne diffamiert, sondern ein witziger Gesprächspartner, herzlich und gütig. Befreundeten Schriftstellern griff er finanziell unter die Arme, wenn sie in Not gerieten. Er sprang auch bei, wenn sie sich das Leben nach eigenen Wünschen gestalten wollten. Das Haus der Familie Johnson in Sheerness-on-Sea auf einer Insel in der Themsemündung konnte 1974 nur dank einem großzügigen Beitrag Frischs erworben werden, wie der Briefwechsel mit Uwe Johnson zeigt. Reiste Frisch für länger weg, überließ er die Wohnung gelegentlich seinen Freunden. In der Festschrift zu seinem siebzigsten Geburtstag schildert Friederike Mayröcker, wie sie und Ernst Jandl in den frühen siebziger Jahren eine Zeit in Frischs Berliner Wohnung verbracht haben. Er zeichnete ihnen genau auf, wo sie Läden finden würden für den täglichen Gebrauch. Wieder legte sich der planende Geist ins Zeug. Er notierte nämlich die Entfernung in Minuten: «Zur

Waschanstalt: acht Minuten, zum Tabakladen vier Minuten, zum Supermarkt 6 ½ Minuten, zur nächsten Kneipe 3 Minuten.» Frisch konnte das Leben auch genießen. Ihn freuten schnelle Fahrten mit seinem Jaguar, den er nur in Zürich ein bisschen versteckte. Friederike Mayröcker jedenfalls erinnert sich an den «heiteren Wagenlenker», der sie und Jandl in Berlin-Friedenau zur spanischen Kneipe fuhr, die keine hundert Schritte von der Wohnung entfernt war.

In den achtziger Jahren traf man sich in Zürich gelegentlich zum Essen. Manchmal hat er selber gekocht, und auch hier war der Planer am Werk. Er pflegte vorher zu telefonieren, ob man dieses oder jenes goutiere. So rief er einmal an: «Essen Sie Leber?» Er briet eine Speckscheibe, bis das Fett auslief, und darin dann die Leberschnitte. Sein literarisch vielleicht wichtigstes Rezept war eine Paella, die in *Montauk* vorkommt und unter dem Namen «valencianischer Reis» im *Stiller* eine Schlüsselstelle abgibt. Stiller kocht einen solchen Reis erstmals für seine neue Freundin Sibylle. Die meisten Zutaten kommen dabei nicht frisch aus dem Comestibles-Geschäft, sondern aus Büchsen – man schreibt die frühen fünfziger Jahre. Andreas Doepfner hat in *Spurensuche unterm Pfannenstiel* einen reizvollen Bericht darüber geschrieben: *Ballet de cuisine.*

Frisch erzählte viel und ließ sich viel erzählen – weil er viel fragte. Was ihn interessierte, waren nicht vor allem Literatur und Kunst. Er redete höchstens mal über Goya oder über seinen Freund Gottfried Honegger. Einmal traf ich ihn im Bahnhof Stettbach, als er eingehend Honeggers abstrakte Reliefs an den Tunnelwänden besichtigte. Verschmiert waren sie damals noch nicht. Ab und zu kam man aufs Theater zu sprechen oder auf Architektur. Über sein eigenes Schreiben schwieg er sich aus. Am liebsten hörte er von Erlebtem, von Leuten und was ihnen so zustößt. Er, der in seinen Büchern immer wieder zu Gericht sitzt über sich, seine Figuren, seine Welt, nahm voll wacher Freundlichkeit entgegen, was man zu berichten wusste. Er hatte einen scharfen physiognomischen Blick, eine Menschenkenntnis, die sich in allen seinen Büchern zeigt und die er ständig erweitern wollte.

Schon seine frühesten Feuilletons stecken voller Episoden, welche Menschen so beleuchten, dass der Leser sie vor sich sieht – ohne dass sie erklärt würden. Etwa seine akademischen Lehrer an der Philosophischen Fakultät I der Universität Zürich in ‹Porträtchen in Worten›, unter dem Titel ‹Vivant Professores!›, erschienen in der *Zürcher Illustrierten*. Es wird anfangs jeweils nur gesagt, wie einer den Vorlesungssaal betritt: «Professor Doktor Robert Faesi [...] Wenn er eintritt: mit gezwungener Ungezwungenheit.»; «Professor Doktor Bernhard Fehr. Wenn er eintritt: er schmunzelt schon über den Witz, mit dem er heute anfangen wird.»; «Professor Doktor Theophil Spoerri. Wenn er eintritt: gelassen und gestehend, dass er dieses hervorragende neue Buch, das ihm die Post auf den Frühstückstisch legte, noch nicht restlos habe aufschneiden können.» Sein Messer sei bereits verschmiert gewesen mit Marmelade. «Und so schneidet er es jetzt auf, und indem er zu sprechen beginnt, steigen wir mit ihm zurück ins Mittelalter, mit einem Satz und traumwandlerisch sicher.» Als Letzter: «Privatdozent Dr. Walter Muschg. Wenn er eintritt: wippend. Und mit jugendlichem Schritt aufs Katheder, wo er nun federnd steht; denn wir begrüßen ihn mit Trampeln, so dass er nicht gleich anfangen kann.» Er sage nicht: Jean Paul «war ein Sprühgeist. Sondern er sprüht». Er sage nicht: «Kleist war zerrissen. Sondern er ist zerrissen und mitgerissen und reißt mit.»

Ich hatte Frisch schon im Jahr 1964 kurz kennengelernt. Im Musiksaal des Stadthauses fand eine Gedenkfeier für den Zürcher Lyriker Albin Zollinger statt. Da ich über diesen Schriftsteller eben meine Doktorarbeit abgeliefert hatte, wurde ich zu einem Vortrag eingeladen. Als ich aufs Podium trat, sah ich zu meinem Schrecken den berühmten Max Frisch in der hintersten Reihe sitzen. Ich wusste sofort, wieso er da war. Zollinger wurde von ihm in den dreißiger und vierziger Jahren glühend verehrt. Seine Bücher habe er, Frisch, «in einer Weise gekannt, die bald schon einer Besessenheit gleichkommt». Die Diktion des Poeten und lyrischen Erzählers – «faszinierend noch in der Eigenart seiner Mängel» (Frisch) – hatte eine Zeitlang auch *seine* Sprache eingefärbt. Im Stück *Santa Cruz* beispielsweise, auch in *J'adore ce qui me brûle oder Die Schwierigen* (1943), wie der Fortsetzungsroman zum Erstling *Jürg Reinhart* zuerst hieß. Darauf wies ich in meinem Vortrag hin und meinte es keineswegs abwertend. Im Gegenteil: Ich war stolz darauf, dass «mein» Dichter Zollinger, dessen Ruhm immer auf die Schweiz beschränkt blieb, eine solche Wirkung hatte auf den Jüngeren, den später international Arrivierten. Gleichzeitig aber kritisierte ich damals eine Passage aus Frischs ‹Nachruf auf Albin Zollinger, den Dichter und Landsmann, nach zwanzig Jahren› von 1961. Er hatte darin zwar seine frühere Verehrung keineswegs zurückgenommen, er zitierte sogar ausführlich den bewundernden ersten Nachruf, den er nach Zollingers frühem Tod 1941 geschrieben hatte. Gleichzeitig warf er ihm jetzt aber vor, er habe seine Kindheitslandschaft metaphorisch überhöht und sei in eine «Heimatverzücktheit» geraten, die zwar rührend, aber auch provinziell sei. Zollinger habe das Land nicht mehr von außen sehen können. So sei sein Werk als «das Vermächtnis eines Opfers» zu betrachten, eines Opfers der geistigen Landesverteidigung, die einst zwar notwendig gewesen sei, aber auch zu einem bösen künstlerischen Schicksal geführt habe. Die damalige geschichtliche Situation habe Zollinger um seine volle schöpferische Entfaltung gebracht. In diesem neuen Nachruf sprach Frisch, überraschenderweise und im Gegensatz zu früher, vorwiegend vom Erzähler, weniger vom Lyriker Zollinger. Erzählend hätte dieser den Industrieort, wo er Volksschullehrer war, Zürich-Oerlikon mit der dortigen

Waffenfabrik, ins Visier nehmen müssen, die Fabrik, die sowohl Hitler wie dessen Gegner belieferte. Ich verteidigte Zollinger. Er sei eben Lyriker gewesen, einer, der – gewiss anders als Bertolt Brecht – Gedichte und politische Aussagen trennte. Zeitkritik habe er deutlich geübt, dies aber vor allem essayistisch, in Aufrufen, in Zeitschriften. Frisch äußerte sich nach dem Vortrag wohlwollend, sprach mich aber beharrlich mit «Fräulein Doktor» an.

Ich habe ihn nach jener frühen Begegnung erst im Februar 1979 wieder getroffen. Frisch hatte Peter von Matt und mich zum Essen in ein Restaurant eingeladen, hatte für uns die eben erschienene Erzählung *Der Mensch erscheint im Holozän* mitgebracht und sie mit einer Widmung versehen. Als er sie überreichte, sagte er: «Mein erster Heimatroman.» Man traf sich vorgängig in seiner damaligen Altbauwohnung an der Stockerstraße. Er hatte sie eben renovieren lassen, geweißelt, modernisiert. «Der Mief ist doch draußen?», fragte er mehrmals. Nichts war diesem Schriftsteller unheimlicher als überlebte Vergangenheit, gestockte Zeit. Schimmel ist bei ihm ein häufiges Motiv. Er war geprägt von Krieg und Nachkrieg, in den fünfziger und sechziger Jahren erfüllt von Visionen einer neu zu schaffenden Welt. Gleich nach 1945 hatte er die zerbombten deutschen Städte besucht, darüber geschrieben: München sei noch zu erkennen, Köln nicht mehr. Wenn man sich dem Entsetzen über die Zerstörungen stellte, wie das Frisch getan hat, gab es wohl gar keine andere Wahl, als neue Formen für neues Leben zu ersinnen. Das galt für den Städtebau wie für den einzelnen Menschen. Die Wörter «Entwurf», «Freiheit», «Selbstsetzung» bewegten ihn, den Zeitgenossen von Sartre und Camus. Die eigene Existenz sollte ständig überprüft werden, damit blockierte Möglichkeiten zum Zug kämen. Statt selbstzufrieden in Traditionen zu verharren, müsse sich auch die Politik – Europa, Amerika, vor allem das eigene Land – auf die Zukunft hin entwerfen.

Ein Ideologe war Frisch nie, dazu war er zu sehr Künstler, zu sehr ein Zerrissener zwischen Satz und Gegensatz. Erinnerungskultur, die Besinnung auf ein Herkommen aber waren ihm suspekt. Sogar was sein eigenes Schreiben betraf. Manch eines seiner frühen Bücher hat er später abgelehnt, *Antwort aus der Stille* etwa oder die *Blätter aus dem Brotsack*, deren poetischer Ton ihn im Rückblick nervte. Auch das Theater langweilte ihn mit der Zeit. Eine Aufführung, die fertig erarbeitet war, fiel der Wiederholung, der unveränderbaren Vergangenheit anheim. Kunst sollte «Existenz-Erfahrung» auslösen, immer anders, immer glühend, nie einfach so, wie man's schon gehabt hat. So die Forderung ‹In eigener Sache›, 1968. Dass er gleichzeitig einen Mann auf die Bühne stellte, dessen Wagnis eines neuen Lebens ad absurdum geführt wird, Kürmann in *Biografie: Ein Spiel*, zeigt den Dialektiker, der schon in *Stiller* am Werk gewesen war.

Nach dem Zweiten Weltkrieg herrschte unter den Vordenkern der Moderne die Faszination des leeren Raums, eine Art Reinheitsgebot. Bestehendes wirkte abgestanden, sollte ausgeräumt, Neues hineingesetzt werden. Das «Laboratorium» einer neuen Stadt beispielsweise. Die Erneuerungsbefehle hatten auch eine brutale Seite. In der Schrift *achtung: Die Schweiz* von Frisch, Burckhardt, Kutter werden die historischen Städte zwar nicht gerade der Liquidation preisgegeben. Von deren Sanierung aber ist 1955 wenig die Rede. In einer Altstadt könne man in der Epoche von Auto und Flugzeug sowieso nicht zeitgemäß wohnen. In einer Neugründung aber ließen sich die Straßen so breit machen, dass es «für Fahrer wie Fußgänger eine alltägliche Freude ist, die Stadt zu durchqueren». Die Idee des puristisch Funktionalen hat der Architekt Frisch bis an sein Lebensende hochgehalten. Ich erinnere mich, wie wir in den späten Achtzigern auf den Neubau einer Poststelle in Zürich zu sprechen kamen. Ein architektonisches Detail, das zu Dekorationszwecken eine falsche Funktionalität vortäuschte, versetzte ihn in Rage. Typisch postmodern sei das. Es sei eine Art Lüge, die auch politisch gesehen werden müsse. Genau so werde auch von den Politikern mit Täuschung operiert. Nur schon das Wort «Nostalgie» mache ihn krank, sagte er.

Bedenklicher allerdings will einem im Nachhinein die Zerstörung heimatlicher Mythen erscheinen, wie sie Frisch 1970 in *Wilhelm Tell für die Schule* ziemlich erfolgreich betrieb. Im Gegensatz zu antiken Denkmustern waren ihm Geschichten wie die Alpensagen ein Greuel. Er nahm sie zum Beweis der verhockten Mentalität innerschweizerischer Bergbewohner: «Was nicht so war, wie schon immer, schien ihnen bedenklich, geradezu des Teufels, der in diesen Tälern überhaupt eine große Rolle spielte.» Unter dem Segel von 1968 wird in der Demontage ein Geplänkel wie zur Zeit des Sonderbundskriegs im 19. Jahrhundert vom Zaun gerissen. Von sturen «Waldstättern» ist die Rede, die lieber mit Geistern umgehen als mit fremden Besuchern – wie Gessler einer war. Gertrud Leutenegger, aufgewachsen an der Gotthardroute in Schwyz, hat sich in der Erzählung ‹Das verlorene Monument› (1979) gegen Frischs Behandlung des Wilhelm Tell als eines dumpfen Reaktionärs verwahrt. Sie hielt an *ihrem* Tell als dem «verschlossenen kundigen Säumer» fest, der sicher Umgang mit den Mineraliensuchern der Sage, den Venedigern, gehabt habe und als Attentäter den Einheimischen fremd geblieben sei. Der einzelgängerische Anarchist war Teil ihrer eigenen Erinnerungswelt. So hatte sie sich als Kind den Tell vorgestellt.

In jenen siebziger Jahren konnte man auch in der Schweiz beobachten, wie eine erstaunliche Zahl von Frauen zu schreiben begann. Diese aufbrechende Generation setzte mehr aufs Gedächtnis als auf Zukunftsvisionen. Sie übernahm nicht die Optik eines Vorbildautors, wie Frisch einer war, obwohl sie dasselbe Problem umtrieb: Das Subjekt wird von den andern definiert, ist dadurch abgeschnitten von einem eigenen lebendigen Kern. «Wir sind in einer Welt, in der wir fremd sind, die uns nicht ausdrückt», meinte Frisch. Er suchte die Lösung darin, dass er auf Veränderung bestand: Der fixierte Mensch soll ein anderer werden. Die Autorinnen aber, die herausfinden wollten, wo sie überhaupt stehen, gingen zurück. Um ihrer innersten Beschaffenheit gewahr zu werden, stiegen sie hinunter in die Kindheit. Die frühen Jahre verhießen ihnen eine genuine und unbezweifelbare Erfahrung ihres Selbst. Von da aus konnten sie sich ihre eigene Gegenwart erschaffen.

Erica Pedretti etwa schilderte ihr Mähren in *Harmloses, bitte* (1970). Der Krieg hatte sie, als sie neun Jahre zählte, aus einem gesicherten Leben geworfen, ihre Kindheitshäuser, die Häuser der Eltern und Großeltern, zerstört. Als sie fünfzehn war und mit einem Rotkreuztransport in die Schweiz gelangte, begann etwas anderes. Das Bisherige wurde verdrängt. Zum einen wirkte es nach als Trauma, zum andern hat sich in der neuen Heimat niemand dafür interessiert. Sie aber musste, um zu wissen, wer sie sei, die alte Heimat erkunden, in ihren Träumen und Erinnerungen nach ihr fahnden. Das Buch, ihr erstes, stellt die beiden Welten einander gegenüber, ohne sie zusammenzubringen. Gertrud Leutenegger lässt im Erstlingsroman *Vorabend* (1975) das Schwyz ihrer Kindheit als schwebendes Zuhause auferstehen, samt Kirchenfesten und Gebräuchen. Ihre Heldin veranstaltet einen einsamen Protestmarsch durch Zürich, einen in eigener Sache. Sie beschwört den brennenden Augenblick. Dieser ist für sie immer Erinnerung und weckt eine ganz andere Sprache auf als die von außen verordnete Gegenwart. Es war die Zeit, als politische Kollektive alles auslöschen wollten, was nach Einzelleben aussah. Dagegen wandte sich der Roman.

Auch Margrit Schriber kehrt im Roman *Kartenhaus* (1978) ins Dorf am See zurück, lässt die Jahre in Brunnen aufleben, wo sie als kleines Mädchen Krieg und Nachkrieg verbracht hat. Desgleichen sucht Erika Burkart in drei Romanen das aargauische Freiamt ihrer Jugend. Sie ergeben eine eigentliche Kindheitstrilogie: *Der Weg zu den Schafen* (1979), *Die Spiele der Erkenntnis* (1985), *Das Schimmern der Flügel* (1994). Die Beispiele ließen sich mehren.

Solches Suchen nach der verlorenen Zeit war dem planenden Frisch zeitlebens suspekt. Es hatte für ihn mit Stubenwärme und unkontrollierbarem Seelenleben zu tun. Von seiner eigenen Kindheit in Zürich hat er nie viel erzählt. Er beschränkte sich, wenn er es tat, auf wenige Episoden. Er berichtete etwa, wie er während des Generalstreiks 1918 mit Kreide auf die Gartenmauern von Hottingen schrieb: «Nieder Bolschewiki». Das sei seine erste Veröffentlichung gewesen. Er zählte sieben Jahre, und sein Vater war arbeitslos.

Am Ende des Jahrzehnts, 1979, neun Jahre nach *Wilhelm Tell für die Schule* und seiner Vernichtung von Herkommensmythen, trat dann selbst Max Frisch einen Rückzug an. Er kehrte aber nicht in die eigene Vergangenheit zurück, sondern viel weiter in die Ursprünge der Weltgeschichte. Elementare Naturkräfte, Wasser, Stein, Erde suchen den Menschen heim. Er hat ausgespielt. Es war ein Werk der Resignation.

Mit Resignation wollten sich die aufstrebenden Schriftstellerinnen jener Jahre allerdings nicht begnügen. Mit ihren Erinnerungsgängen schufen sie die Grundlage für ein Leben aus eigener Energie und Schaffenskraft, ein Leben, das sich nach keinen offiziellen Erwartungen richtete. Das war ihr Anspruch, ob sie es nun explizit aussprachen oder nicht. Tatsache ist aber auch, dass Frisch über bürgerliche Frauen, ihr Selbstverständnis und ihre Situation bemerkenswert früh nachgedacht hat. Viele weibliche Figuren in seinem Werk nehmen ihr Leben in die eigene Hand: Yvonne in den *Schwierigen*, Sibylle in *Stiller*, Lila in *Gantenbein*. In jenem Gespräch von 1979 wandte er sich einmal unvermittelt an mich: «Frau Beatrice» – so pflegte er mich anzureden –, «Sie sind ja auch eine Frau. Wie machen Sie das, mit der Arbeit, der Familie, den Kindern?»

Um die Frauen sollte es besser bestellt sein als bisher. In diesem Punkt hatte Frisch ein scharfes Problembewusstsein entwickelt. Er stellte sich der Frage, wie nicht allzu viele Schriftsteller seiner Generation, besorgt und immer von neuem. Im Alter hielt er die Frauenbewegung für die einzige erfolgreiche politische Revolution unserer Zeit, eine Revolution mit Massenbasis. Er selber habe die Emanzipation als Mann nie ganz geschafft, meinte er. Doch er habe begriffen, dass sie fällig und er in einer «Paarschaft» nicht der Patron sei.

In *Triptychon* tritt ein junger Mann in Uniform auf, Xaver, der wie nach einem feministischen Leitfaden argumentiert: Die Sprache, die sie brauche, sagt er zu Katrin, sei eine Männersprache. Sie müsse ihre eigene Syntax finden, nicht die, welche der Mann geschaffen habe: «Ich möchte ein Mal hören, was du denkst, Katrin, du selber, Katrin, du als Frau.» Das könnte als Anpassung an die Debatten der siebziger Jahre erscheinen. Doch der Autor hatte sich schon viel früher mit dem Thema Geschlecht und Emanzipation beschäftigt. Er bezog auch die Männerfiguren mit ein, meistens kritisch, und mit den Frauenfiguren ging er ebenfalls ins Gericht – immer wieder. Es war ihm nie um Programme zu tun, sondern um die Reflexion eingespielter Verhaltensweisen. Manchmal geschah das komödiantisch wie mit Lila in *Gantenbein* oder leicht spöttisch wie mit Lynn in *Montauk*, mit Alice in den *Entwürfen zu einem dritten Tagebuch*.

Auf das Thema Frau wirft der Autor bald einen heißen, bald einen kalten Blick. Doch eben: Die Wahrheit, die er auszudrücken versuche, sei selten ein Freispruch für ihn, so der Ich-Erzähler in *Montauk*. Im Umgang mit dem anderen Geschlecht stand Frisch unter einem anhaltenden Rechtfertigungsdruck. Auch noch als alter Mann in den *Entwürfen*. Er gebe sich Mühe. Er bereite zum Beispiel nicht bloß sein eigenes Frühstück zu, denn zwischen Dusche und Frühstück sei er gerne allein. Er gehe auch oft einkaufen, nicht nur die Weine, «sondern auch Mehl-Salz-

Eier-Yoghurt-Klopapier-Brot-Salate-Ajax», – laut Anweisung, und manchmal koche er. Er gebe sich also Mühe. Dennoch hakt er nach: «Bin ich ein Pascha? Wird Alice der Name für eine Schuld?»

Ständig – im ganzen Werk – lauert die Frage, wie Liebe vor dem Alltag zu retten wäre. Ohne dass man lächerlich wird, sich verrät? Dazu kommt die nagende Erkenntnis, er selber bleibe immer derselbe: «Nur die Frau, die schläft, ist eine andere.» Die Aufbruchsidee gerät zunehmend in Schieflage.

Doch Frisch suchte nie die abschließende Diagnose, er wollte die Verhältnisse in allen ihren Abschattierungen aufspüren. *Mein Name sei Gantenbein* ist eine tumultuöse Darstellung männlicher und weiblicher Verhaltensweisen, nicht schwarz-weiß, sondern schillernd, kippend. Mal hat *er* die Oberhand, mal *sie*. Der zentrale und eminent witzige Einfall des Romans aber besteht darin, dass der angeblich blinde Gantenbein wegen seiner Behinderung ganz selbstverständlich den Hausmann spielt, während Lila, die Schauspielerin, arbeiten geht. Das traditionelle Rollenmuster wird also umgekehrt, aber eben doch nur als Täuschungsstrategie des Mannes. Davon ist im Beitrag ‹Erfahrung als Experiment› des vorliegenden Buches ausführlich die Rede.

Nicht selten freilich konzediert Frisch seinen Frauenfiguren Mut zum Aufbruch und einen Akt der Selbstwerdung. Ein Kronbeispiel: Sibylle aus *Stiller* in New York. Sie hat sich zunächst von ihrem Mann Rolf getrennt, dann auch von Stiller, ihrer neuen Liebe. Der Künstler war schlicht eine Enttäuschung. Ihr Gatte, der Staatsanwalt, will ihr seine großzügige Eheauffassung demonstrieren: «Einen zermürbenden Sommer lang wollte Rolf beweisen, dass er Sibylle, getreu seiner Theorie, die vollendete Selbständigkeit zubilligte.» Dem hatte sie entgegengehalten: «Du hast mir keine Freiheit zu geben, ich nehme mir meine Freiheit schon selber, wenn ich sie brauche.» Zusammen mit dem kleinen Sohn reist sie ab nach New York. Sie will arbeiten und ihr eigenes Geld verdienen. Dank ihrer Sprachkenntnisse findet sie eine annehmbare Stelle, verdient achtzig Dollar in der Woche, was sie mit Stolz erfüllt. Zum ersten Mal steht die Tochter aus begütertem Haus in der Welt wie andere Leute, allein, für sich selbst verantwortlich, und auf die eigenen Fähigkeiten angewiesen: «Es war merkwürdig: sie empfand es als Freiheit.»

Und nun fällt eine vielsagende und – in Bezug auf Geschlechterusanzen in Europa – geradezu umstürzende Bemerkung: «Es war, als hätte sie mit der Landung in Amerika aufgehört, eine Frau zu sein.» Sibylle hat zwar einige Bekannte, «besser gesagt: friends». Das verpflichtete zu nichts. Dass es den Menschen in zwei Geschlechtern gibt, habe dabei keine Rolle gespielt. Nach geraumer Zeit kehrt sie dann doch in die Schweiz und sogar in die Ehe zurück. Das heißt in ihrem Fall aber nicht, dass sie scheitert, im Gegensatz etwa zu Yvonne in den *Schwierigen.* Rolf ist tatsächlich ein anderer geworden, ein Liebender. Er hatte sie aufgesucht, sich von ihr Manhattan zeigen lassen. Er hatte die von ihr entdeckte Stadt wahrgenommen «als ein Verwirrter, ein Betörter, ein Erschrockener, ein Seliger, ein Ungläubiger, ein Hingerissener, ein Fremder auf Erden». In New York, dem Ort von Frischs eigener wiederholter Emigration, dürfen zwei seiner schönsten und ehrlichsten Gestalten eine Verwandlung erleben, Rolf und Sibylle.

Im Übrigen antwortet dieser Rolf – «mein Freund und Staatsanwalt», wie White/Stiller sagt – auch auf eine andere, noch ältere Figur, auf den Staatsanwalt in *Graf Öderland.* Beide haben berufshalber mit einem Gefangenen zu tun, den sie verstehen. Der eine, der Protagonist in *Öderland*, tut es radikal bis zur Identifikation mit dem Verbrecher, der andere bietet dem Angeklagten und einstigen Nebenbuhler seine Freundschaft an. Beide Figuren gaben zu Missverständnissen Anlass: Das Stück um Öderland erregte Anstoß (ein Staatsanwalt als Verbrecher!) und war in Zürich «ein respektabler Misserfolg» (Frisch). Dabei wurde die Gewalttat, «diese ziellose Explosion» (Frisch), im Stück keineswegs verherrlicht. Den Staatsanwalt im *Stiller* wiederum empfand man – trotz seiner wilden Krisen – als langweiligen Prediger bürgerlicher Werte, was wohl die noch größere Fehldeutung war. Beide schiefen Interpretationen halten sich zum Teil bis heute.

Eine ebenso klare wie poetische Inszenierung seines Stücks *Graf Öderland* hätte Frisch fast noch erleben können. Am 19. September 1991, fünf Monate nach seinem Tod, ging sie unter der Regie von Werner Düggelin am Basler Theater über die Bühne. Und zwar in einer neuen Fassung durch den Regisseur: der zornige Dramentext wurde ins Schlafwandlerische gerückt, auch die sieben Szenen *Der Graf von Öderland* aus Frischs *Tagebuch 1946–1949* wurden eingearbeitet. In jenem Entwurf war Öderland noch ein Träumer; er erinnerte ein bisschen an Meursault, den Fremden von Camus. Frisch war prinzipiell einverstanden gewesen, dass die Skizzen das vorhandene Stück ergänzten. Als die neue Spielvorlage wenige Wochen vor seinem Tod fertiggestellt war, wollte er sie nicht mehr begutachten, also auch nicht autorisieren, erlaubte aber die Aufführung. Seit drei Wochen sei er bettlägerig, hatte er am 27. Februar dem Regisseur geschrieben, er habe keinerlei Hoffnung. Immerhin verspüre er noch keine Schmerzen. Das Gedächtnis aber sei angeschlagen, und auch wenn er eine, zwei Stunden lang im Manuskript lesen könnte, so wisse er nicht, ob das anderntags wieder gehe. «Lieber Dügg, ich wünsche Dir Glück mit Deiner Öderland-Fassung», fügte er noch hinzu. Auch er selber hatte Glück. Die Aufführung wurde ein großer Erfolg. Das souverän inszenierte Stück sei die «fundierteste Einleitung» in die späteren Meisterwerke Frischs, schrieb Rolf Hochhuth damals in der *Welt*.

Nur mit *Jonas und sein Veteran*, dem in ein Stück verwandelten Dialog zur Armeeabschaffungsinitiative von 1989, setzte sich der späte Frisch nochmals mit dem Theater auseinander. Sonst war er längst davon weggekommen. Der mäßige Erfolg von *Biografie: Ein Spiel* (1968), womit er sich vom Modellstück verabschieden und dramaturgisch einen Neuanfang wagen wollte, war eine Enttäuschung gewesen. Nicht zuletzt von linker Seite war er böse kritisiert worden. Das Stück sei zu privat, habe keine gesellschaftliche Relevanz. Das war zu jener Zeit ein tödliches Argument. Den etablierten subventionierten Bühnen traute Frisch selbst nicht mehr. Schon 1964 hatte er an einer Dramaturgentagung in Frankfurt am Main die Vision vorgetragen, «die Staatstheater vermoosen zu lassen, damit Theater vielleicht anderswo entstehe». Er stand dem reinen Wortdrama zunehmend skeptisch gegenüber. Es seien neue Formen vonnöten. Solche hatte er etwa im Körpertheater des «Living Theatre» aus Amerika entdeckt, das – in den USA politisch verfolgt – von Mitte der sechziger Jahre an auch durch die Schweiz tourte.

In einem Gespräch mit Peter Rüedi hat sich Frisch dazu geäußert. Die Frage, ob sich das Theater von seiner Art, Stücke als reine Dialoge zu schreiben, entfernt habe, bejahte er und fügte bei: «Gott sei Dank.» Das sei dringend nötig gewesen. Man habe sich in einer Endepoche befunden. Theater bestand allein darin, einen literarischen Text auf der Bühne körperlich zu illustrieren. Das war eines Tages nicht mehr produktiv, der Bildersturm daher fällig. Die neue Strömung, die das Theater von seinen Ursprüngen her – Tanz, Pantomime, direkte Körpersprache – neu anging, habe die wortzentrierten Dramen vorläufig verdrängt. Nach einer «regenerierenden Zwischenphase» werde das Theater aber wieder auf die älteren Verfahren und Autoren zurückkommen. Er selbst gehe selten ins Theater – das Interview wurde im Juni 1978 geführt: «Wenn ich sage, es interessiert mich nicht, so muss ich präzisieren: genau die Art Theater, die wir gemacht haben, und ich stelle immer vorne ran Bertolt Brecht, die hat mich auf der Bühne nicht mehr interessiert. Es war das Ende des literarischen Theaters, ein vorläufiges …»

Er hatte allerdings einzelne Inszenierungen während der Spielzeit 1969/70 ausdrücklich begrüßt, damals, als Peter Löffler, Klaus Völker, Peter Stein das Schauspielhaus Zürich leiteten. *Torquato Tasso*, die Wiederaufnahme aus Bremen, hielt er in einem Urteil vom 20. Dezember 1969 im Zürcher Volkshaus für «die klügste und erhellendste Aufführung seit einigen Jahren». Wie wenig er ein Dogmatiker war, stellte er während derselben Diskussion unter Beweis. Er monierte die Ideologie der Programmhefte, die ausschließlich auf Marx und Marcuse basierten. Die Einseitigkeit entschärfe die beunruhigenden Gewitter der Stücke und Aufführungen. Zudem sei solche Propaganda unklug, nicht taktisch gedacht. Durch diese Provokation sei das Zürcher Theaterexperiment vorzeitig in ein Vakuum ohne Öffentlichkeit geraten: «Das hätte Brecht nie getan: Brecht wollte etwas erreichen.» Behörden und Verwaltungsrat würgten das Experiment dann eben ab: Das sei schade, aber nicht unerklärlich. «Ein Experiment, das die gesellschaftliche Realität ignoriert, verändert sie nicht; es bleibt Romantizismus.»

Das Stück, das er sich Jahre später doch noch vornimmt, gehört bereits in den geisterhaften Raum des Spätwerks: *Triptychon. Drei szenische Bilder* (1976/79). Sein Thema ist das in der Wiederholung festgefrorene Leben. «Wo Repetition einsetzt, ist der Tod», so Frisch in einem Interview zum Stück. Es gebe verschiedene Arten von Tod: den plötzlichen und den, der dreißig Jahre lang daure. Das Motto, ein Zitat von Diderot, lautet: «Der Tod ist eine langsame Erscheinung.» Die letzte als solche konzipierte Arbeit für die Bühne ist nichts als eine bedrängende Meditation über den Tod.

Michel de Montaigne, der Mann aus dem 16. Jahrhundert, war auch hierin sein Lehrer. Von ihm stammt der Satz: «Sie kommen, sie gehen, sie schlendern, sie tanzen, vom Tode hat keiner etwas gehört.» Nicht nur mit der «häuslichen» Thematik einer schonungslosen Selbstdarstellung in *Montauk* dachte er dem

Franzosen nach, sondern auch in seinem Verhältnis zum Tod. Stündlich ans Sterben zu denken gehörte zu Montaignes Lebensprogramm. Das eigene Bedürfnis nach planender Distanz legitimierte Frisch mit Sätzen aus Montaignes *Essais*: «Ich bin zu jeder Stunde etwa so bereit, wie ich es sein kann, und wird mich die Ankunft des Todes keiner Neuigkeit belehren.» Vor allem müsse man darauf achten, dass man angesichts des Endes nur noch mit sich selbst zu tun habe. Aus alldem hatte Frisch gelernt. Fast zehn Jahre vor seinem Tod lag sein Hauptwerk abgeschlossen vor.

Auch in privaten Gesprächen war er den Todesarten auf der Spur. Er wollte Sterbegeschichten hören. Ich erzählte von einem im Alter etwas verwirrten Bauern im Toggenburg, den ich kurz vor seinem Ableben in seiner Hundehütte kauernd gesehen hatte. Der Mann hatte schon länger keinen Hund mehr besessen, saß aber stundenlang in dem Verlies, das an einer Ecke seines Hauses angebracht war. Er schaute hinaus und fuhr mit den Fingern der Öffnung nach, wieder und wieder. Frisch ließ sich die Szene mehrfach berichten.

Im April 1988 war mein Vater gestorben. Über die Phasen seines Todeskampfes in der Klinik wollte er genaue Auskunft haben. Ich musste ihm schildern, wie mein Vater zuletzt unablässig die Hebel am Bett betätigte, um seine Liegehaltung zu verändern. Den sieben Jahre älteren Elias Canetti hat Frisch geschätzt, und er ist ihm auch persönlich begegnet. Aber dass einer wie Canetti den Tod verleugnete und verfemte, war für ihn nicht nachvollziehbar. Er nahm den Tod als Aufforderung, jeden geschenkten Tag mit allen Sinnen zu erleben.

2. Alle Küsten dieser Erde: Max Frischs Vorstoß zum Meer

Bei Max Frisch muss alles konkret sein. Er ist ein unerbittlich präziser Denker, aber weil er mit gleicher Leidenschaft Dichter ist, sinnlicher Gestalter, geht sein Denken nicht ins Abstrakte, sondern bleibt an das Angeschaute, die gegenwärtige Welt gebunden. Deshalb ist es verfehlt, wenn man sein Werk auf Schemata und plakative Thesen reduziert, auf das Bildnis, das man sich nicht machen soll, auf die sogenannte Identität oder – schlimmer – auf die obsessive Schweiz-Kritik. Man zerstört so den Reichtum seines Schaffens.

Nie löst sich der Denker vom Dichter. Die Welt muss durch ihn hindurchgegangen sein, mit Farben und Gerüchen, mit Kälte und Hitze, wenn Frisch über sie schreiben soll. Deshalb hat er sich eine Sprache von unerhörter Spannweite erschaffen können – messerscharf und bilderreich. Eine Sprache, die nicht nur analysieren kann, sondern auch mächtig lobpreisen.

Man kann Frisch mit Fug einen Philosophen nennen, aber einen im Sinne von Michel de Montaigne, der gesagt hat: «So bin ich selber, Leser, der einzige Inhalt meines Buches.» Und er ergänzt, seine Wahrheit sei «eine häusliche und private». Frisch zitiert dies am Anfang seines Buches *Montauk*.

Wie ist das zu verstehen? Frischs Freund und Antipode Friedrich Dürrenmatt meint: «Was [...] Frisch betrifft, so fällt bei ihm die Neigung auf, dass er sein Persönliches, sein Privates nicht in der Kunst fallen lässt, dass er sich nicht überspringt.» Er sei in seine Kunst «verwickelt». In den Büchern und Theaterstücken gehe er mitten in diese seine Leidenschaft hinein, sich selbst zu meinen. Dürrenmatt sieht Frisch in einer existentiellen Zwangslage: Einerseits komme er nicht von sich los, anderseits könne er nicht leben, ohne zu gestalten. Deshalb stelle er sich immer selber dar. Wohl wahr, doch Dürrenmatt greift zu kurz, wenn er im Weiteren meint, es gehe Frisch «um sein Problem und nicht um ein Problem an sich». «Sein Problem» erschöpft sich bei Max Frisch nicht einfach in der Auseinandersetzung mit einer maroden Liebesbeziehung, im Illustrieren einer privaten Rebellion oder in der fixen Idee, er sei nicht der, für den man ihn halte. Das Montaignesche Private meint die ganze Welt, aber so wie ein Einzelner sie erfährt, in seiner eigenen Zeit, mit allen seinen Nerven und Gedanken. Andere hat der Mensch gar nicht zur Verfügung. Er ist sein eigenes Medium. Das ist eine philosophische Einsicht. Und eine, die alles Egozentrische übersteigt.

Martin Walser hat den Sachverhalt anlässlich von Frischs siebzigstem Geburtstag präzis formuliert. Er nannte den Älteren den großen Unbekannten «in der Branche», obwohl er einen glauben mache, er enthülle mit jedem Werk eine neue Stufe der Intimität. «Und hat sich selbst doch völlig zurückgehalten. Behaupte ich.» Er benützte zwar seinen eigenen Stoff. Aber so, dass er darin nicht mehr vorkomme. Frisch erscheint Walser als einer, der sich verbirgt.

Die Welt beschäftigt diesen Schriftsteller von Anfang an fundamental und zwar in der Angst, dass er, dass wir alle das Erdenleben zu wenig wahrnehmen, es nicht bewusst und freudig erleben, obschon um die Ecke der Tod lauert. Deshalb preist er die festliche Wachheit im Augenblick, auch wenn dieser rasch vergeht. Mit weltlicher Frömmigkeit erkennt er die Möglichkeiten des Menschseins. Davon spricht die berühmte Stelle gegen Schluss des *Homo faber*. Frisch hat sie später mehrfach wieder zitiert. Walter Faber liegt todkrank im Spital, schreibt letzte Sätze in das Tagebuch, aus dem der Roman ja besteht: «Auf der Welt sein: im Licht sein. [...] standhalten dem Licht [...] im Wissen, dass ich erlösche im Licht über Ginster, Asphalt und Meer, standhalten der Zeit, beziehungsweise Ewigkeit im Augenblick. Ewig sein: gewesen sein.»

Fast genau so erinnert der Autor diesen Passus zwanzig Jahre später in *Montauk*. Auch im beginnenden Alter verficht er noch dieselbe Überzeugung. Er setzt zwar selbstironisch hinzu: «Leben im Zitat», fügt aber bei: «Wenn die Haut empfindet, wie der Sand trocknet auf der Haut, wie die Sonne, wie der Wind, wie das ist für die Haut und das Hirn [...] Es ist allerlei, was er nicht vergisst in dieser dünnen Gegenwart.» Gemeint – eben – ist das körperhafte Gegenwärtigsein des damals Dreiundsechzigjährigen, wie er sich in einem glücklichen Moment am Ozean dem Wasser, dem Wind und der Sonne preisgibt. Die Gegenwart mag sich etwas dünner anfühlen als früher. Eine kleine Hymne ist auch in *Montauk* draus geworden, eine Hymne auf das In-der-Welt-Sein mit Haut und Haar und Hirn.

Der unauffällig intonierte Lobgesang greift zurück auf eine frühe Hingabe an diese Welt. Sobald er konnte, brach der junge Frisch auf. 1933 nahm er sich die Freiheit zu seiner eigenen Odyssee. Auch wenn zu Hause in Zürich nicht Penelope wartete, sondern die Mutter. Voll Staunen und Neugier öffnete er sich allem, was dem Menschen beschert ist, mit Landschaften, Stadten, Bergen, Meeren.

Dieser Schriftsteller will alles aus konkreter Erfahrung wissen. Er redet nicht abstrakt von der Freiheit oder vom Schicksal. Er setzt sich aus und erfährt mit seinen Sinnen, was mit Freiheit und Schicksal gemeint sein könnte. Er sucht Gegenden, wo nichts bloß theoretisch bleiben kann. Liest man ihn genau, stellt sich als sein intensivster Ort das Meer heraus. Deutlicher als alles andere. Immer wieder das Meer, aber immer ein geographisch benanntes Meer. Im Alter von zweiundzwanzig Jahren sieht er es das erste Mal und entdeckt eine Faszination, die man nicht anders als religiös nennen kann. Das Meer wird ihm Ereignis, Präsenz eines Jenseitigen.

Er hat sich das nicht willkürlich gewählt. Es überwältigte ihn, es überfiel ihn. Ganz ohne Absicht oder Planung wurde es ihm das Andere, das «Ungeheure», das Gefährliche und die Schönheit schlechthin. In Theaterstücken und Romanen macht er das Meer von jetzt an zum Raum der Entscheidung.

Volker Hage zitiert in seiner Monographie eine Aussage des siebzigjährigen Frisch, die er auf Tonband aufgenommen hatte. Frisch erzählte vom Jahr 1940, als man demnächst den deutschen Einmarsch erwartete. Er leistete Militärdienst, lebte «ohne jede Bezugsperson» und habe damals «eine gewisse Freiheitseuphorie» empfunden. Er habe gedacht: «Entweder überlebe ich oder nicht. Schade wäre es, nie mehr das Meer zu sehen; nicht: ein Buch, eine Frau, sondern: das Meer.»

Wie hat das angefangen mit dem Meer? Harmlos scheinbar. Am 1. Mai 1933 berichtet der junge Weltenfahrer nach Hause, wie schön er es habe. Man solle ihm deswegen nicht böse sein. Südlich von Dubrovnik hat er sich in einer idealen Pension «eingewohnt». Das Haus liege an einer Bucht direkt am Meer. Vom Zimmer aus sieht er die «unvorstellbar blaue» Adria und draußen hellgelbe Inseln mit «rassigen Riffen», an denen immer eine weiße Brandung schäumt. Zur Pension gehört ein Boot, «ein Meerschiff geradezu», mit dem er den Ufern entlangrudert. In der nächsten Mondnacht wird er mit den Harpunenfischern ausfahren, «einfach fantastisch» sei das. In Jugoslawien sei es überdies unglaublich billig, so dass er sich endlich wieder einmal warmes Essen gönnt. So Frisch im Band *Im übrigen bin ich immer völlig allein. Briefwechsel mit der Mutter.*

1932 hatte er sein Germanistikstudium abgebrochen, weil sein Vater gestorben war und er seinen Lebensunterhalt selber bestreiten musste und wollte. Vor allem mit Zeitungsarbeit. Ohne dass man ihm Spesen zahlte, wagte er im darauffolgenden Frühling eine halbjährige Reise als Journalist, lebte von seinen Berichten und Reisefeuilletons. Als Sportberichterstatter ging er nach Prag, von da ohne speziellen Auftrag nach Belgrad, Sarajewo, Dubrovnik, Zagreb, Istanbul, Athen, Korinth, Delphi und nochmals zurück nach Dubrovnik. Erst im Oktober über Bari und Rom wieder nach Hause.

In der Villa Solitudo südlich von Dubrovnik, der Pension einer verarmten preußischen Adligen und deren Tochter, hat der junge Abenteurer also sein Paradies entdeckt. In seinen Briefen an die Mutter rühmt er schwelgerisch die überirdische Schönheit mitten auf Erden. Er wird sich den ozeanischen Bereich ein Leben lang zu erhalten wissen und diesen in seinem Werk mit metaphysischen Qualitäten ausstatten. Dass er seine neue Welt so dringlich mit seinem «liebsten mutterli» teilen möchte und ihr auch eine konkrete Einladung schickt, lässt erahnen, wer die zentrale Frau seines Lebens war.

Ein Jahr später, 1934, erscheint Frischs erster Roman *Jürg Reinhart* mit dem Untertitel *Eine sommerliche Schicksalsfahrt.* Hauptschauplatz ist die Villa Solitudo an der dalmatinischen Küste, und Hauptakteur ist das Meer.

Man könnte viel über dieses zauberhafte Buch des Dreiundzwanzigjährigen sagen, auch dass der Autor selber es später unterschätzt hat. Hier bleibe ich beim Hauptakteur, dem Meer. Der Untertitel *Schicksalsfahrt* muss auch darauf bezogen werden.

Was in den Briefen so jungenhaft salopp daherkommt, hat sich im Roman zu einer großen Meeres-Dichtung ausgewachsen. Einige zeitbedingte Vokabeln, Themen und Meinungen können ihr nichts anhaben. Am Anfang wird ein früher Tag geschildert, die Sonne, die zwischen den Fensterläden hereinscheint: «Und wenn man dann aufsprang und diese hellgrünen Holzlättchen verstellte, sah man zwischendurch das Meer; es lag in silbriger und makelloser Zartheit, und makellos war auch die Riesenmuschelbläue, die es überwölbte.»

Der magische Glanz, den der Gast in der Pension vor Augen hat, gibt das Leitmotiv ab. Am Schluss des Romans wird es heißen: «Am andern Morgen verließ er Ragusa. [Frisch braucht gern den italienischen Namen für Dubrovnik.] Nochmals lag das Meer in silbriger und makelloser Zartheit, und makellos war auch die Riesenmuschelbläue, die es überwölbte.» Dazwischen kommt der Blick auf das Morgenmeer immer wieder vor. Auch an der Schlüsselstelle, als Jürg Reinhart zusammen mit der schwarzgekleideten Besitzerin der Pension zum Grab der jüngst verstorbenen Tochter am anderen Ende der Bucht rudert.

«Riesenmuschelbläue» bleibt ein Lebenswort des Autors. Zwanzig Jahre später krönt Stiller alias James Larkin White damit den Golf von Mexiko. Hinter sich sehe man den weißen Schnee des Popocatepetl, «vor sich den verblauenden Golf von Mexiko, eine Riesenmuschelbläue».

Im frühen Roman taucht die Vorstellung jedes Mal auf, wenn die erotische Selbstwerdung Jürg Reinharts eine neue Richtung nimmt, bezeichnenderweise ebenfalls auf dem Meer. Beim ersten Abenteuer rettet er sich in der nächtlichen Dunkelheit schwimmend an Land. Ein Gast des Hauses, die laszive Baronin, hatte ihn zu einer Bootsfahrt eingeladen. Doch empört klagt er sie an, sie habe ihm Liebesunterricht geben wollen, von Liebe ihrerseits sei aber keine Rede. Später in der Nacht im splitternden Bora-Sturm wagt er sich nochmals ins Wasser. Er birgt das Boot des Hauses unter Lebensgefahr. Die Verführerin hat es einfach treiben lassen und sich ihrerseits ans Ufer gestohlen. Eine weitere Kahnfahrt, ein paar Nächte später, unternimmt der Held mit Hilde, der jungen Haustochter aus dem Norden. Das Wasser liegt wie eine «Glasscheibe». Hilde scheint zu schlafen. Jürg erschrickt vor der Unendlichkeit und klammert sich an Hildes «sanften Leib». Sie aber erscheint ihm plötzlich gering, «so begrenzt» in seiner Hand, eine «schlichte und zarte und kleine Gegenständlichkeit», und er weiß nicht, ob er sie noch liebt. Was Jürg anzieht, ist das Unbegrenzte, die Glasscheibe «in ihrer Riesenhaftigkeit». Die Vision überwältigt ihn: Bei schneeweißem Mond sei das Meer hinausgeflossen in den Himmel und der Himmel im Meer ertrunken. Man musste «diese Wasserscheibe, die sich hinwölbte vom Unabsehbaren ins Unabsehbare, zerschlagen und einmal hinunterspringen, als könnte man ein solches Dasitzen überm unbekannten Abgrund nicht länger aushalten».

Die Größe des Meeres saugt die kleine Liebesbeziehung gleichsam auf. Diese «war so nichtig geworden», heißt es. Der Verlockung ins Ungemessene und Unermessliche wird Frisch zeitlebens erliegen.

Wie er dann allein für sich segeln lernt und «mit scharfem und lautlosem Schnitt» hinausschießt in den Mittag, erkennt Jürg, dass es in seiner Reflexion zwei Ebenen gibt: eine kleine, worauf sich die Gedanken bewegen, die in sein gewöhnliches Leben passen; und «eine unbegrenzte Ebene wie dieses Meer, wo man sich alles Mögliche denken konnte, was man beispielsweise aus Büchern kannte, und was für sein eigenes Dasein unwahrscheinlich schien». Manchmal, räsoniert er weiter, schneide sich die große Ebene mit der kleinen Ebene des eigenen Handelns, und dann seien die Gedanken und Wünsche nicht aus Druckerschwärze, «sondern aus Blut». Das Wagnis einer Liebe könnte, so schwant dem Jüngling, ein Zusammenfallen der Ebenen erwirken, der kleinen und der großen. Wie sich in Frischs Werk erweisen wird, kann dies allerdings immer nur für kurze glühende Phasen geschehen. Solche Schöpfungsmomente in der ersten Begegnung zwischen Mann und Frau stellt der Dichter dann als die wahre Wirklichkeit hin. Zeitlebens wird er dieser Liebesutopie anhangen. Vorläufig aber, in seiner Odysseus-Phase, segelt der Protagonist stundenlang einsam dahin und genießt – konfliktfrei gewissermaßen – des Meeres «unsichtbare Kraft», die bereit sei zum Helfen oder zum Vernichten.

Das Meer liegt ihm als das Riesenhafte vor Augen, das Dämonische, das Ewige, oder, wie es einmal heißt, das Göttliche. Es wird zum grundstürzenden Phänomen, zur angeschauten Transzendenz. Die kleine Existenz der eigenen Person wird konfrontiert mit der großen Existenz, der übermächtigen «Ebene», wie Jürg Reinhart sich ausdrückt. Auf dieser immensen Fläche ist das angesiedelt, was der Autor das «Mögliche» nennt. Dieses Mögliche ist aber nicht nur gedacht. Es wächst ihm eine unheimliche Sogkraft zu. Eine Befehlsgewalt zugleich, der sich der Mensch zu stellen hat. Man darf wohl sagen, Frisch habe sich in diesem frühen Roman ein Programm für sein ganzes späteres Leben und Schreiben gegeben – denn beides ist bei ihm nicht zu trennen.

Das eingeschränkte Dasein misst er fortan am unbegrenzten Raum der Möglichkeiten. Vor dieser Weite – die mit dem Urbild des Meers konkret geworden ist – muss sich die kleine private Existenz nicht nur bewähren, sie muss sich auch hineinlocken lassen ins Größere. Immer neu, sonst verrät sie sich, verliert sie sich, wird sie sich untreu. Und wird entsprechend vor Gericht gezogen.

Engnisse sprengen wie Kükenschalen, Aufbrechen, zu immer anderen Ufern: das ist bei diesem Schriftsteller ein Antrieb geworden, der ihn nie mehr verlässt.

Ich habe das zu Unrecht übersehene, oft auch verspottete Frühwerk *Jürg Reinhart* hier so nachdrücklich herausgestellt, weil es aus einer unmittelbaren Erfahrung heraus eine Art Lehre vom Meer entwirft, eine existentielle Ozeanographie gewissermaßen. Die in Dalmatien entdeckte Bedeutung des Meeres, die äußere und die innere, wird diesen Schriftsteller fortan leiten. Bis fast zuletzt, zumindest bis *Montauk*. Im späten Buch *Der Mensch erscheint im Holozän* ist es anstelle des Meeres eine unendliche Himmelsbläue, die sich am Ende über dem leeren Bergtal wölbt und in der alles menschliche Leben, auch das des alten Herrn Geiser, verschwindet. Unter der mediterranen «Riesenmuschelbläue» hat auch noch das Tessin Platz.

Die religiöse Erfahrung, meint Rüdiger Safranski in seinem Buch *Romantik. Eine deutsche Affäre* (2007), brauche einen «Mittler». Dieser mache «das Geheimnis» anschaulich. Alles könne Mittler sein; das Fenster, durch das wir «ins Ungeheure blicken». Das Ungeheure: so lautet auch das Wort, mit dem Frisch das Meer bezeichnet.

1944, während des Krieges, als die Grenzen der Schweiz geschlossen waren, entsteht das Stück, in dem Frisch seine Meeresmythologie zum Modell werden lässt: *Santa Cruz. Eine Romanze.* Meeressehnsucht leitet die männlichen Hauptfiguren. Land und Meer, genauer Schloss und Meer stehen einander als Schauplätze gegenüber. Damit treten auch zwei Lebenskonzepte gegeneinander an: Ehe gegen Aufbruch; Abenteuer, Entgrenzung, Entfesselung gegen Sesshaftigkeit, Überschaubarkeit, Bürgerordnung.

Eine zentrale Stelle aus der ersten Szene des dritten Akts fokussiert das Dilemma: Der Rittmeister, Schlossherr und verheiratet seit siebzehn Jahren, diktiert seinem Schreiber einen Abschiedsbrief an Elvira, seine Frau – die Assoziation zur Elvira in *Don Giovanni* dürfte beabsichtigt sein. Morgens um eins sei ihm die Kürze des Lebens bewusst geworden, sagt der Mann, in einer Stunde reise er ab: «Teure Elvira [...] Noch einmal das Meer ... Begreifst du, was ich meine? Noch einmal die Weite alles Möglichen: nicht wissen, was der nächste Augenblick bringt, ein Wort, das ans andere Ende der Welt lockt, ein Schiff [...]» Einer habe Hawaii gesagt. Wenn man erwache, sei «ringsum das Klatschen der Wellen, nichts als der Himmel, nichts als die Wölbung des Wassers». Finsternis umgibt unser Dasein. Es hänge in der

Leere eines Gottes, der in den Meeren verdunstet. Dieser Gott habe jedoch kein Auge für seine endlosen Sommer. Wir aber schon. Wir seien seine Hoffnung, seine einzige. Er spiegle sich in unseren sterblichen Augen, und so werde er geschaut – von jedem Einzelnen von uns. Jeder habe teil an dem unwahrscheinlichen Augenblick, den man die Menschheit nenne. Und er, der Rittmeister, erkennt sich selbst als «Funken dieses Weltaugenblicks». Darum möchte er aufbrechen, neu leben, noch einmal jauchzen. Er und Elvira wüssten kaum mehr, wie das war, sich so unbändig zu freuen. Der Brief schwingt sich auf zu einem religiösen Appell: «Ich möchte noch einmal fühlen, welche Gnade es ist, dass ich lebe, in diesem Atemzuge lebe – bevor es uns einschneit für immer.»

So also schreibt der Rittmeister an seine Frau. Er hat Pelegrin getroffen, den Vaganten, und erkannt, dass dieser es ist, der an seiner Stelle das wirkliche Leben lebt. Der Vagant hat des Rittmeisters Sehnsucht zum Segel genommen, das ihn «über die Meere treibt». Jetzt will der Rittmeister selber reisen. Die Frau hätte schon lange merken können, dass es ihn wegzieht. Er fragt sie, ob sie sich an Santa Cruz erinnere. In jenem spanischen Hafenort hatte er sich für sie entschieden und das Schiff fahren lassen, das er hätte nehmen sollen. In vielen Büchern von Max Frisch werden Schiffe bestiegen und Ozeane durchquert. Schiffe erlösen die am Lande Festgenagelten, führen sie hinaus ins Offene. Wenn er nun abends neben ihr sitze und lese, fügt der Rittmeister noch an, suche er nur «Ihn, [Ihn großgeschrieben!] der unser […] wirkliches Leben führt, das Leben, das ich heute selber führen würde, hätte ich damals das fremde Schiff bestiegen, das Meer erwählt und nicht das Land, das Ungeheure, nicht das Sichere». Prägnanter könnte Frisch seinen Urkonflikt nicht benennen, als er es in diesem Brief des Rittmeisters tut. Das Meer ist darin fast schon zur Metapher geronnen.

Was *Santa Cruz* betrifft, lasse ich es dabei bewenden, wohl wissend, dass sich das Dilemma am Schluss des Stücks noch um eine Schraubenwindung weiterdreht und der Rittmeister zurückkehrt. Man könne nicht beides haben, bemerkt Pelegrin dazu, der eine habe das Meer, der andere das Schloss. Nicht zuletzt betrifft das auch die Frau. Siebzehn Jahre lang, gesteht Elvira, habe sie nachts von Pelegrin geträumt. Auf ihre Weise hat auch sie sich nach dem Meer gesehnt.

Frauenfiguren mit Ausbruchsphantasien, Frauen, die ihr Schicksal, vorübergehend wenigstens, in die eigene Hand nehmen, gibt es bei Frisch nämlich schon, gerade etwa im fast gleichzeitig wie das Stück geschriebenen Roman *J'adore ce qui me brûle oder Die Schwierigen*, der Fortsetzung des *Jürg Reinhart.* (Erst in der Neuausgabe von 1957 ist der Titel umgestellt worden: *Die Schwierigen oder J'adore ce qui me brûle.*) Pelegrin sei «der ewige Andere» in uns, sagt der Autor in einem späteren Kommentar zu *Santa Cruz.*

Zeitlebens wird er sich an dieser Problematik abarbeiten. Mit dem Aufbruch ist von nun an Schuld verbunden. Schuld gegenüber der Frau, der Familie. Andererseits bedeutet Verharren und Festsitzen Versündigung gegen den Lebensgott, der vom Menschen fordert, sich immer neuer Gegenwart zu stellen. Dieses unlösbare, religiös fundierte Dilemma gab es im unbekümmerten Jugendroman *Jürg Reinhart* so noch nicht. Dort durfte der Held seinem Lebensgott noch ohne Skrupel anhangen – und auch der junge Autor, solange wenigstens, bis er im Herbst 1933 mit schlechtem Gewissen zur Mutter zurückkehrt und sich bald darauf in Gottfried Kellers *Grünem Heinrich* wiedererkennt.

Mit *Santa Cruz* nimmt Frisch Konflikte seiner eigenen Biographie vorweg. Zehn Jahre später nämlich wird er sich selbst entschließen wegzugehen, seine Frau und drei Kinder zurücklassen. Zum Zeitpunkt, da er das Stück fertigstellt, 1944, ist er seit zwei Jahren verheiratet, hat einen Brotberuf als Architekt, lebt also in festen, auf Dauer eingerichteten Gegebenheiten. Und: die Landesgrenzen sind zu. So bleibt nur das Schreiben – vom Unendlichen, vom Meer.

Dem Aufbruch ans Meer von Anfang der dreißiger Jahre entspricht Anfang der fünfziger Jahre der Aufbruch in die USA und nach Mexiko, auch nach deren Küsten. Immer ist es ein Hinausgehen ins Offene, und immer wirft Frisch dabei sich selbst in die Waagschale. Allerdings nimmt der Aufbruch nun immer mehr auch eine politische Färbung an. Veränderungskraft, visionäre Phantasie, neue Ufer sind Kriterien, an denen Frisch fortan verstärkt auch Institutionen wie die Schweiz als Staat misst, Zürich, die «Vaterstadt», den Westen generell, der im Kalten Krieg erstarrt. Dieser transatlantische Aufbruch wirkt sich literarisch gewaltig aus, am augenfälligsten mit *Stiller* und *Homo faber*. Der auf neue Art kämpferische Schriftsteller schafft den internationalen Durchbruch und erlangt Weltruhm.

Zunächst aber galt es, Krieg und Eingesperrtsein zu überstehen. In jenen meerfernen Jahren hat Max Frisch in Zürich einen großen Bruder gefunden, einen Bruder im Geist: den Dichter Albin Zollinger. Es ist die Zeit langer Wochen im Militärdienst. Während des Urlaubs gibt es Spaziergänge über den Pfannenstiel, den Hügelzug über dem nördlichen Ufer des Zürichsees. Frisch notiert im *Tagebuch*: «Nie werde ich über den Pfannenstiel wandern, ohne dass ich länger oder kürzer an den Dichter denke, den ich von allen zeitgenössischen Landsleuten am meisten liebe, nämlich an Albin Zollinger, der diese Landschaft ein für allemal dargestellt hat.» Zollinger lebte von 1895 bis 1941. Neben seinen Romanen, von denen *Pfannenstiel* der bekannteste ist, schrieb er Gedichte. Zollingers lyrisierende Sätze, die Festgemauertes auflösen, haben es dem Jüngeren angetan, nicht zuletzt das Motiv des entgrenzten, gleichsam verflüssigten Horizonts, über den das Meer hereinkommt. Solche Visionen mussten dem in der Schweiz Gefangenen einleuchten. «So in Salbei verdämmerte die See», lautet eine Verszeile Zollingers. Eine andere fragt: «Trägt mich ein Traum / In der Bläue von Sunion.» Herbstlicht gleicht dem Meer, verwandelt die Welt: «Wunderbar erhellt ein Meer die Luft / Weinbergbläue, süß geahnter Duft.» Föhnwolken auf tiefblauem Himmel lassen den Dichter in der Schweiz das Mittelmeer schauen: «Strömung von sanften Lämmern / Entblößt ein südliches Blau. / Ich hör die fernsten Meere / Im Wogengang der Schwere.» «Adriatische Bläue», «Meer mit olympischem Schnee»: Ozeanische Bilder gerinnen innerhalb der Gedichte zu Zeichen, die weiter nicht erörtert werden. Sie finden sich in den Bänden *Sternfrühe* und *Stille des Herbstes*, und sie erinnern an den Satz Ludwig Hohls: «Ich denke Meer.» Max Frisch liest sie als Beschwörungsformeln der Poesie schlechthin, jener Macht, die den einschränkenden Alltag überwindet. In einer Rezension von 1940 schreibt er zu Zollingers Sprache: «Worte wölken sich auf, schwebende Gebirge, leuchtende, die die Himmelsräume und Traumräume zeugen über dem Flachland der Gewöhnung, der alltäglichen Anschauung, die keine Anschauung mehr ist.»

Über diesem Flachland von Gewöhnung erheben sich in der Schweizer Literatur statt eines Meeres oft genug die Berge – nicht zuletzt in den dreißiger und vierziger Jahren des 20. Jahrhunderts. Sogar Frisch ist 1937 in der später verleugneten Erzählung *Antwort aus der Stille* dem Alpenmythos erlegen. Bei Zollinger mischt sich der Alpendiskurs mit dem Gegenmythos der Sehnsucht, dem Meer. Vom Zürcher Oberland, seiner Kindheitslandschaft, oder von der Stadt Zürich aus hält er Ausschau nach den Gipfeln und sieht darüber das Meer hereinfließen. «Wie das Gras der Alpen ahnten auch wir Menschen den Atem des Meeres», heißt es in der ‹Ode an das Meer›. Des Meeres «treue Unendlichkeit» erfahren wir im Regen. Zollinger sieht die Welt ungetrennt; seine Dichtungen nehmen die Kreisläufe der Erde ernst. Am fernen Horizont lässt er also zwei Mythen ineinander aufgehen, den Mythos der Berge und den Mythos des Meeres.

Frisch ist seinem älteren Kollegen keineswegs unkritisch begegnet. Er liest vor allem dessen Romane mit Vorbehalt. Den Roman *Pfannenstiel* etwa bezeichnet er als «das verunglückte Werk eines glühenden, eines echten, eines vulkanischen Dichters unserer Tage, unserer Nähe». Zollingers Visionen aber leuchten ihm ein, und er findet in der liquiden, gleitenden Sprache, in der sie beschworen sind, eine Art Heimat. Das gilt, wie gesagt, vor allem für die Zeit der geschlossenen Grenzen.

Der Zollingersche Ton ist etwa in den *Schwierigen* von 1943 deutlich hörbar, da und dort auch schon in den *Blättern aus dem Brotsack*. Die eine oder andere Stelle in *Santa Cruz* könnte ohne weiteres von Zollinger stammen, etwa des Rittmeisters alliterierende Beschwörung ferner Welten: «Erinnerst du dich an Santa Cruz? [...] Das Wort ist voll fremder Gassen und Bläue, voll Bögen, Palmen und Agaven, Mauern, Maste, Meer.»

Zollinger und Frisch sind sich nur einmal begegnet, zufällig, im Herbst 1941 in einer Wirtschaft auf dem Pfannenstiel. Frisch hat darüber berichtet. Man vereinbarte ein Treffen, doch es kam nicht mehr zustande. Am 7. November 1941 stirbt Zollinger unerwartet. Frisch widmet ihm in der *Neuen Schweizer Rundschau* einen bebenden Nachruf, bestückt ihn mit vielen Zollinger-Strophen: Seine letzten Bücher, «alle von einer großen Unruhe geschrieben», hätten auch in diesen Tagen auf seinem Tisch gelegen, stets habe er sie wieder gelesen und «in einer Weise gekannt», die bald schon einer Besessenheit gleichkomme. Er sei sich der Mängel dieser Bücher bewusst. Trotzdem: «Man liebt sie, wie unter einem Zwang, um der Glut ihres Herzens willen, um einer Sprache willen, die das Tosen eines Sturzbaches hat [...]»

Knapp vier Jahre später geht der Krieg zu Ende. Max Frisch sitzt am *Tagebuch mit Marion*, in dem er jene ganz eigene chronikalische Kunstform verwirklicht, die er in den *Blättern aus dem Brotsack* entworfen hat. Er wird die poetisch distanzierte, fragmentarische Selbst- und Weltdarstellung später weiterentwickeln. Sogar Frischs Romane lassen sich in gewisser Weise diaristisch lesen. 1947 erscheint das *Tagebuch mit Marion* in Zürich, und 1950 wird es als Teil 1 ins *Tagebuch 1946–1949* eingehen, das erste Buch Frischs, das bei Suhrkamp in Frankfurt herauskommt. Wobei er auch mit dem Verlag eine Grenzüberwindung schafft. Unter dem Datum März 1946 vermerkt er, wie klein unser Land sei. Und wie stark unsere Sehnsucht nach Welt, «unser Verlangen nach den großen und flachen Horizonten, nach Masten und Molen, nach Gras auf den Dünen, [...] nach Wolken über dem offenen Meer; unser Verlangen nach Wasser, das uns verbindet mit allen Küsten dieser Erde».

Im Sommer steuert der Schreiber sein Fahrrad ans letzte natürliche Ufer des Zürichsees. Es ist übersät mit Unrat. Am Wasser aber fühlt er sich frei, das Land mit Büro und Familie liegt hinter ihm. Der See verspricht ihm ganze Ozeane: «immer das Gefälle zum Meer, zur Größe, wässerne Wölbung unseres Gestirns.»

Sogar die Größenphantasien, die manchmal Frischs politische Überlegungen durchziehen, haben möglicherweise mit dem Bild der Unermesslichkeit, dem Meer, zu tun.

Was in solchen Passagen noch halbwegs Zollingerisch aufgezogen ist mit Stabreim und rhythmisierender Aufreihung, kann dann im Herbst desselben Jahres – ganz real – Einzug finden ins Tagebuch: Die Küsten dieser Erde dürfen wieder aufgesucht werden. Frisch fährt mit seiner Frau Trudy Constanze nach Italien, und er legt Zeugnis ab von der Wiederbegegnung mit dem Meer. Die Sprache der Verbannung im eigenen Land, der Zollingersche

Ton, wird jetzt zurückgedrängt, weicht genauer Schilderung, zu der auch Berichte über Zerstörungen gehören. Für den Schweizer wird der Krieg erst jetzt so richtig fassbar: «Genua, Oktober 1946. Endlich wieder einmal das Meer! Wir sind selig.»

Man hat ein Zimmer im obersten Stock, und es fehle nicht der Mond, der das Meer beglänzt. So kann man es um Mitternacht noch sehen. Erst aber wie er auf den kleinen Balkon hinaustritt, um hinunterzuschauen in die Gassen, bemerkt er, dass gleich daneben ein riesiges Loch klafft. Die Trümmer sind weggeräumt, doch sieht man bis in den Keller hinunter, und «leider sage ich es Constanze, wie es aussieht jenseits der Wand, die mit blumiger Tapete, sogar mit Bildern geschmückt, zu Häupten unseres Schlafes steht».

Das Paar reist weiter entlang der ligurischen Küste. In Portofino Mare dann endlich die Wiederbegegnung mit dem offenen Meer. Es sei wie ein Spuk: «Das Meer – es brandet und tost, aber es ist zehn Jahre später, und man sieht es der Brandung nicht an.» Man sitzt auf einem deutschen Bunker. Um die rostenden Geschütze blüht Ginster, aus der Mündung schaut eine Eidechse. Ein zerstörtes Kirchlein rückt ins Blickfeld, «und ohne Unterlass rauscht es um die steilen Felsen. Es ist unser erster Abend, und draußen beim Leuchtturm, wo wir sitzen, sehen wir nichts als einen Horizont voll Wasser.» Ein Kutter mit Fischern, die heimkehren, torkelt mit pendelndem Mast unten an den Felsen vorbei. «Das Meer erscheint wie dunkle Tinte, je tiefer die Sonne sinkt; mit gleißenden Schäumen rollen die Wellen über ihre eigenen Schatten –»

Die hingerissene und hinreißende Anschaulichkeit, die einen schon in *Jürg Reinhart* beeindruckt hat, ist wieder da. Die Zollingersche «Verträumung» weicht der härteren Präzision – so lange wenigstens, wie das Ausland gemeint ist.

Wenn es um Zürich geht oder die Zürcher Landschaft, sind

Zollinger-Reminiszenzen länger auszumachen, auch noch im *Stiller.*

Dem einst so verehrten Schriftsteller machte Frisch 1961, also zwanzig Jahre nach dessen Tod, doch noch den Prozess. In einem ‹Nachruf auf Albin Zollinger, den Dichter und Landsmann nach zwanzig Jahren› warf er ihm vor, er habe seine «schöne Wildheit» auf Lokales gerichtet und so versucht, «durch Vision» zu entkommen. Er habe aus dem Bachtel einen Vesuv gemacht, und ein Dörflein namens Pfyn (ad fines) musste ihm das römische Weltreich einbringen. Der Grund: die Abschottung, die geistige Landesverteidigung. Zollinger sei es nicht vergönnt gewesen, «auf Welthaltiges» zu stoßen in seiner produktiven Arbeitsphase. Er sei, trotz seiner großen sprachschöpferischen Begabung, ein Opfer der politischen Umstände geworden. Da ist sicher einiges dran. Immerhin hatte der Lyriker 1935 auch den Paris-Roman *Die große Unruhe* geschrieben.

Es kommt einem vor, als attackiere Frisch in diesem revidierten Nachruf sich selber. Zur Zeit der geschlossenen Grenzen war auch sein eigenes Schreiben nicht mehr genährt worden von Konfrontation und Begegnung. So hatte er sich gelegentlich – nicht in allen Werken, nicht in *Blätter aus dem Brotsack* – gar zu sehr dem Zollinger-Ton überlassen. Was einst Faszination gewesen war, hat ihn später gestört.

Der Hautkontakt mit der Welt hat Frisch und seiner Sprache sechs Jahre lang gefehlt. Denn darauf war er mehr als der Lyriker Zollinger angewiesen. Nun, im ersten Tagebuch, ist diese Öffnung über die Grenzen hin wunderbar zu spüren. Nicht von ungefähr erinnert der Duktus der Sätze jetzt gelegentlich an den wirklichkeitsgesättigten *Jürg Reinhart.* Das Meer hat ihn wieder, könnte man sagen. Die «Durchsicht ins Unsichtbare» (*Tagebuch mit Marion*) öffnet sich neu am glitzernden Abendmeer von Portofino. Zum Beispiel von Portofino Monte aus: «Das Meer, wenn man in die Buchten hinunterschaut, erscheint finster wie die Nacht. Ein Netz von silbernen Wellen darüber [...] und nur die Brandung verrät, dass sie einen Lauf haben; der weiße Gischt an den Felsen.» Der Betrachter wird wie von einem Blitz erhellt: «Glück als das lichterlohe Bewusstsein: Diesen Anblick wirst Du niemals vergessen.»

Eine Epiphanie des Augenblicks ereignet sich angesichts des strengen Auges der Dauer, des Meers, das Frisch einst erfahren und als Instanz verinnerlicht hat.

Seine Meeresmythologie korreliert von Anfang an mit dem existentialistischen Glauben an den Lebensaugenblick. Diese Grundspannung ist schon im *Jürg Reinhart*, in *Santa Cruz* oder der Erzählung *Bin oder Die Reise nach Peking* zutage getreten, und sie wird als hymnisches Bekenntnis das Sterben des Homo faber begleiten. Die Sätze des kranken Walter Faber seien wiederholt: «Auf der Welt sein: im Licht sein. [...] aber vor allem: standhalten dem Licht, der Freude [...] im Wissen, dass ich erlösche, im Licht über Ginster, Asphalt und Meer, standhalten der Zeit, beziehungsweise Ewigkeit im Augenblick. Ewig sein: gewesen sein.»

Frischs Existentialismus hat eine festliche Note. Der Mensch ist für ihn trotz seiner Vergänglichkeit nicht ein Geworfener wie für Sartre, und nicht wie für Georges Bataille einer, der sich märtyrerhaft Wunden schlägt. Auch von Albert Camus muss man ihn unterscheiden, denn als «absurd» kann Frisch die menschliche Existenz nicht verstehen. Trotzdem ergeben sich Parallelen zu Camus. Beide, Camus und Frisch, erklärten das Meer zu ihrem Gott.

Für Albert Camus (1913–1960) war es geschichtslos, der Zeit enthoben. Er schildert in *Heimkehr nach Tipasa*, wie er als Kind in Algerien halbe Tage «in menschenleerem Wasser» verbracht habe: «Ich wuchs im Meer auf.» Die «sonnenhafte Tragik» des Mittelmeers lehrte ihn die Schrecken der Schönheit. Von Sonne und Meer erwarb er die Gleichgültigkeit, die einen Täter wie

Meursault, den Fremden, leitet. Seitdem er in Europa das Meer verloren habe, warte er, sagt Camus. Sein Leben sei dort, wo er herkomme. Bei seiner kurzzeitigen Rückkehr fand er genau das, was er gesucht hatte und was ihm «allein dargebracht wurde» – beim römischen Trümmerfeld Tipasa, westlich von Algier: das «ewig gleiche Meer [...] unter dem Strom des funkelnden und kalten Lichtes [...] die Sonne stand für einen Augenblick still». Die antikische Landschaft dieser Kindheit steht für dichtestes Leben, für reinste Präsenz.

Und noch einer würde sich hier aufdrängen zum Vergleich: Ludwig Hohl, auch er mit Jahrgang 1904 ein älterer Bruder wie Zollinger und von Frisch hochgeschätzt. Ludwig Hohl war recht eigentlich mittelmeerfromm. In seinen Augen konnte nichts bestehen vor dem «südlichen Meer», weder Mensch noch Tier. Als Vierundzwanzigjähriger lebte er selber ein halbes Jahr – und zwar den Winter über – fünfzehn Kilometer östlich von Marseille. In seinen frühen Meertexten, die zu seinen besten und sinnlichsten überhaupt gehören, hat er von dieser Erfahrung geschrieben. Das Meer bedeutete ihm das «Dasein» schlechthin, zerstörerisch und prächtig in einem.

Das Meer überdauert die Zeitalter. Es trägt die Schiffe der Völker, doch es bleibt sich gleich dabei. Für die einen ist es ein Ort des Gedächtnisses, für Paul Valéry etwa («un lieu de mémoire»), für die andern triumphiert die Unwandelbarkeit des Meeres über die Geschichte. Auch für Max Frisch.

Eine historische Fragestellung kümmert ihn in dem Zusammenhang nicht. Er blendet, was das Meer betrifft, die Zivilisation aus. Oder sie bildet einen Gegensatz dazu, wie das zerstörte Kirchlein an der Küste von Portofino im Jahr 1946. Die vermeintliche Geschichtslosigkeit des Meeres kündet für Max Frisch ewige Gegenwart an. Sein Meer ist immer gleich und stets erneuerungsfähig, da ist von schlechterer Wasserqualität oder von dezimierten Fischbeständen noch nicht die Rede.

Der Einzelne freilich muss sich vor dieser Ewigkeit bewähren, das ist für den Kierkegaard-Leser Frisch eine Forderung, die er immer wieder an seine Helden stellt, an Jürg Reinhart schon, an Graf Öderland und dann auch an Anatol Ludwig Stiller. Es ist die «Leidenschaft der Freiheit», die er verteidigen muss, die Wahl seiner selbst – gegen die Erwartungen von Gesellschaft, Staat und anderen Institutionen. Das Kierkegaard-Zitat, das dem Roman *Stiller* vorangestellt ist, lautet: « [...] indem die Leidenschaft der Freiheit in ihm erwacht [...], wählt er sich selbst und kämpft um diesen Besitz als um seine Seligkeit, und das ist seine Seligkeit.» Stiller könnte diese Selbstwahl in Würde gelingen, wie aus einigen Situationen hervorgeht. Bezeichnenderweise spielen sie im Boot auf dem Wasser. Der Zürichsee muss dem zurückgekehrten Stiller das Meer ersetzen. Doch der fixen Idee von Treuebruch, Aufbruch, Selbstwahl macht der Verfasser in dem Roman den Prozess. Er lässt Stiller scheitern. Dieser verliert sich und verkriecht sich, statt sich selbst zu wählen.

Wer aber eigentlich nicht scheitert, das ist Walter Faber, trotz seiner Verstrickungen, trotz der Schuld von antikem Ausmaß, die er auf sich lädt. Freilich hilft ihm eine schwere, wohl tödliche Krankheit, sich selbst, seine wahre Existenz zu erfühlen im funkelnden Licht des Augenblicks oder doch diesen Augenblick im Vergehen zu preisen. Walter Faber ist es auch, der sich halbwegs intuitiv, fast wie aus Zufall, dem Meer übergeben hat – als freier Mann, wie er glaubt. Er besteigt statt des Flugzeugs ein Schiff, um von New York nach Europa zu gelangen: «Ich freute mich aufs Leben wie ein Jüngling. Meine erste Schiffsfahrt.» Auf Deck begegnet er Sabeth, von der er nicht weiß, dass sie seine Tochter ist. Die maritime Dramaturgie des Schicksals läuft unerbittlich weiter bis zum Tag auf Akrokorinth, wo Sabeth – schlafend im Sand – von einer Schlange gebissen wird. Sie schreit, Faber hört's. Er schwimmt im Meer, versucht, im Wasser zu rennen. Wie er endlich aus dem Wasser steigt, steht sie oben auf der Böschung.

Er sieht, wie sie ihre rechte Hand auf die linke Brust hält und wartet. Sie gibt keine Antwort, bis er sich ihr nähert. Dass er nackt ist, sei ihm nicht bewusst gewesen, sagt er im Nachhinein – «dann aber der Unsinn, dass sie vor mir, wo ich nur helfen will, langsam zurückweicht, bis sie rücklings (dabei bin ich sofort stehengeblieben!) rücklings über die Böschung fällt. Das war das Unglück.»

In der Tat, das war es, das Unglück. Sie stirbt an diesem Sturz, nicht am Schlangenbiss. Der nackte Mann, der Geliebte, der Vater, hat sie – dem Meer entstiegen – tödlich erschreckt. Ein mythischer Raum, dieser blaue Mittag am Meer «mit flachen Wellen, die sich kaum überschlagen, nur auslaufen im Schaum, dann Klirren im Kies, bis es sich wiederholt» – grandios inszeniert ist die Szene. Man denkt an den nackten Odysseus vor Nausikaa, obwohl hier kein direktes Zitat vorliegt. Aber die Szenerie ist verwandt. Frisch spielt oft auf antike Muster an.

Gegen Ende des Romans *Mein Name sei Gantenbein* findet sich eine Meerepisode. Sie steht isoliert zwischen einem Text um die Spielfiguren Enderlin/Svoboda und jene tolle ‹Geschichte für Camilla›, in der einer im Flugzeug seine eigene Todesanzeige liest. Die Meerschilderung dürfte zu den eindringlichsten Naturbeschreibungen in Frischs Werk gehören. Dem Element eignet überirdische Klarheit und brutale Vernichtungskraft. Es macht die Anstrengung des Einzelnen illusorisch, ja lächerlich. Der leitmotivische Einleitungssatz des Romans, «Ich stelle mir vor», ist hier nicht denkbar. Der Ich-Erzähler – für einmal der Autor selber? – erinnert sich an eine wahre Begebenheit, berichtet unverbrämt, gleichsam nackt. Die transzendente Macht und die Banalität eines sommerlichen Touristenstrandes stoßen aneinander. Hier bunte Sonnenschirme, ein Paar, «das sich ödete, ‹family style›», dort himmlische Ruhe. Dazwischen die Brandung, «zwei oder drei Brecher mannshoch». Er untertaucht sie, und nachdem er sie hinter sich hat, übergibt er sich den «bierflaschen-grünen» Wogen, «hinauf und hinab und wieder hinauf». Fast hätte er, der einzige Schwimmer, gejauchzt in diesem Mittag und in dieser Sonne, die «wie aus einem violetten Nachthimmel» blendete. Allmählich schwimmt er zurück zum Ufer, sieht dort die warnende gelbe Flagge flattern. Kaum noch dreißig Meter entfernt, wird er überrollt von den Wellen. Mittendrin findet er keinen Boden, kämpft ohne weiterzukommen gegen den Sog des zurückflutenden Wassers. So nah beim Strand «mit seinen Sonnenschirmen» will er nicht um Hilfe rufen. Es hätte ihn sowieso niemand gehört. Kaum kann er wieder atmen, schlägt ihn der nächste Brecher. Er wehrt sich, «dabei gewiss, dass es aus ist, eigentlich nicht überrascht, einmal hat das kommen müssen», und er fragt sich, «warum hier, warum so [...] warum jetzt, das Bewusstsein, dass es aus ist, als Bewusstsein von etwas Lächerlichem». Fast wäre er ertrunken. Dann spürt er plötzlich Sand und wird an Land gespült. Jetzt möglicherweise beobachtet, tut er so, als sammle er Muscheln – um seine Erschöpfung nicht zu zeigen. Dann muss er sich setzen. Damit die andern, an denen ihm eigentlich wenig gelegen ist, sein Beinahe-Versagen nicht bemerken, ölt er seinen Körper ein: «Blick aufs Meer [...] ein blauer Mittag wie irgendeiner. Ich versuchte zu denken: jetzt ersoffen sein? – und es fiel mir nichts dazu ein.» Der Alltag mit Sonnenschutz, dudelndem Radio und Harlekinball wirkt absurd vor der Gewissheit des früheren oder späteren Verschwindens.

Für Frisch avanciert das Meer immer häufiger zur Autorität, der richterliche Kompetenzen zugebilligt werden. In der ‹Skizze eines Unglücks I und II› – eingebaut ins *Tagebuch 1966–1971* – kommt ein Schuldiger zu Tode. Er ertrinkt im Meer. Es handelt sich um Viktor, den Chirurgen. Er fühlte sich gekränkt durch Marlis, seine Geliebte; harmlose Bemerkungen, winzige Sticheleien hatte er als tiefe Verletzungen empfunden. Er wäre auch gern hin und wieder allein gewesen auf der Ferienreise durch Südfrankreich. So brachte er sie halb bewusst, halb unbewusst um, den Wagen steuerte er mit somnambuler Sicherheit so, dass sie beim Unfall getötet wurde und er davonkam. Das Gericht sprach ihn frei. Er wusste es im Grunde besser. Nach Jahren, wieder einmal in den Ferien am Meer, quält ihn erneut seine alte Schuld. Er wird recht eigentlich heimgesucht. Den Tod der Geliebten muss er am Schuldigen rächen, an sich selber also. Schlafwandlerisch, wie damals die Tat geschah, geht er zum Strand und schwimmt hinaus ins Meer, so weit die Kräfte reichen, «und sie reichen soweit, bis man kein Land mehr sieht». Die kurze Szene wird kaum vorbereitet. Es ist, als ob das Meer Rechenschaft von ihm verlangte und er dem Aufruf ohne Nachdenken folgte.

Er wollte es wissen, und das Meer hat gesprochen: Der Tod von Marlis ist gesühnt. Die Szene leuchtet sofort ein, auch wenn sie nicht erläutert wird.

Das Meer gerät beim älter werdenden Frisch zum Zeichen einer ungreifbaren Macht, vor der ein Leben auch in der Rückschau sich bewähren muss. Immerhin bleibt das Gewässer verortet, man kann es auf der Karte finden.

Sein letztes Meerbuch, *Montauk*, hat der Autor eigentlich als Vermächtnis gemeint. Er glaubte, es sei sein letztes Buch überhaupt. Er nennt es «eine Erzählung», es ist aber ebenso sehr Tagebuch und Autobiographie. Die zentrale Handlung spielt an einem Wochenende auf Long Island. Der Erzähler reist mit einer Frau namens Lynn. Sie könnte seine Tochter sein. Sie wird auffällig ähnlich beschrieben wie Sabeth im *Homo faber:* Jeans, Kamm in der Tasche, Rossschwanz. Man hat sich gegenseitig nichts versprochen. «Lynn wird kein Name für eine Schuld.» Der Satz ist berühmt geworden. Das Meer wird hier von einer Gegenwart rasch zum Erinnerungsraum. Das Frischsche Lieblingswort «Brandung» fällt auch jetzt alle paar Seiten. Den Unterton einer kurzen Emphase verliert es nie, dieses Wort. Nur einmal heißt es ironisch «die wackere Brandung».

Der Erzähler allerdings entrinnt dem Gespenst der Wiederholungen jetzt nicht mehr. Er stellt sie auf Schritt und Tritt fest. Insofern ist *Montauk* bei aller Leichtigkeit ein resigniertes Buch. «MY GREATEST FEAR: REPETITION», lautet eine der Eröffnungsformeln. Das Meer von Long Island erinnert den Reisenden ständig an andere Meere, an die Bretagne, die Normandie, an Sylt oder den Strand von Sperlonga. Trotzdem wagt er Gegenwart, wenn auch nicht ohne Vorbehalt: Zum einen ist der Mann froh, dass Lynn da ist an dem langen leeren Strand. Denn «es wäre sehr leer ohne die junge Fremde, das Meer und das Gelände mit Dünen und Wind». Er könnte hier nicht lange ausharren, er müsste gehen. Dennoch überfällt ihn der Wunsch, allein zu sein. Er steht am Ufer, möchte schweigen und die Kleider ablegen. Er fühle sich wohl, allein im Wasser. Auf das Schwimmen verzichtet er, er sei nicht schön genug mit seinem alternden Körper. Immer diese Vision des Alleinseins, wenn Beziehung droht – sogar auf einem harmlosen Ausflug!

Im Anblick des Atlantiks rechnet der Erzähler bitter mit sich selber ab – und mit jenen, die mit ihm gelebt haben, allen voran mit Ingeborg Bachmann. Er zerrt sein Leben vor ein Tribunal, ein Richter seiner selbst. Das Meer bleibt die Instanz, deren Erwartungen er nicht erfüllt. Der sich ihr stellt, ist alt geworden. Erfahrungen mache er nur noch im Schreiben, nicht im Leben. Die unerbittliche Analyse stößt auf eine neue Schuld am Lebensgott. Schreiben ist kein vollwertiger Ersatz fürs Leben – auch wenn er sich sagt, dass Literatur ein Thema habe, das viele angehe, was man von den zwei Schuhen Lynns im Sand nicht behaupten könne. Es hilft nicht einmal, dass Lynn kein Name wird für eine Schuld. Der Protagonist versündigt sich, weil ihm die ungebrochene Erlebnisfähigkeit abhandengekommen ist. «Ewigkeit im Augenblick» scheint nur mehr im Zitat auf. An Stelle des funkelnden Moments, des ewigen Augenblicks eben, fällt jetzt der moderate Ausdruck «stetig»: «Das Meer jenseits des weißen Gischtes auf den Wogen, die erst kurz vor dem Strand in sich zusammenbrechen, erscheint jetzt wie Tinte blauschwarz. Das stetige Geräusch der Brandung.»

Wie war doch Jürg Reinhart zauberhaft jung und damals das Meer so neu.

Ein Feuilleton aus jener Zeit soll hier den Schluss bilden, da Frisch «als Prähippy zufuß» Griechenland entdeckte (Brief an Uwe Johnson, 1.6.1976). Es erschien 1933 unter dem Titel ‹Glück in Griechenland› (*NZZ*, 31.10.1933) und spielt im «festlichen und herrlichen Korinth». Angesichts dieser Landschaft erscheinen dem Zweiundzwanzigjährigen «eigene Zielchen und Nötchen und Lebensläufchen» bescheiden. Er hat eine «einzige und zuckersüße Begleiterin» bei sich, die er liebkosend bald unterm linken, bald unterm rechten Arm trägt. Es ist eine Zuckermelone, sie soll ihn vor dem Verdursten retten. Da er kein Messer dabei hat, bricht er sie übers Knie, und seine Zähne «stürzen» ins Fruchtfleisch. Das sei Vorschuss auf die Seligkeit. Dabei, sagt er, leuchte «unwiderstehlich das Meer». Zypressen stellen davor «eine Senkrechte her», damit der Mittagshimmel, der so nahe über dem Meer hängt, «nicht erdrückend» wird: «Säulen sind es, welche die Unendlichkeit stutzen sollen. Und schwarz und schweigend tun sie es, scharf und sanft zugleich, damit sie dieses Himmelstuch nicht zerreißen.»

Der junge Frisch hat angesichts des Meers eine Erfahrung für sein ganzes Leben und all sein Schreiben gemacht: die Epiphanie der höchsten Wirklichkeit. Zeitlebens wird er an die gleißenden Küsten zurückkehren.

3. Das verminte Gelände der Liebe: Max Frisch und Uwe Johnson

Paradiesgarten der Liebe? Das Gelände ist vermint. Vorsicht ist geboten. Bei Max Frisch und Uwe Johnson ist es insbesondere die Frau, die Vorsicht walten lassen sollte.

Skizze eines Verunglückten, Johnsons komplexer Kurzroman, bezieht sich im Titel explizit auf Frischs ‹Skizze eines Unglücks›, die minimalistische Erzählung, eingelagert im *Tagebuch 1966–1971*. (In den vorangehenden Überlegungen ‹Alle Küsten dieser Erde› ist davon die Rede.) Es sind Liebesgeschichten, die sich jäh verdunkeln und tödlich enden, sowohl bei Johnson wie bei Frisch. Nur wird der Ausgang je anders begründet. Johnson hat seine Geschichte erstmals 1981 in *Begegnungen* veröffentlicht, der Festschrift zu Frischs siebzigstem Geburtstag. Im Jahr 2009 sind die beiden Mordgeschichten erstmals zusammen in einem Band erschienen. Sie lehren die Leserin das Grauen, die eine tut's in brillanter Verknappung, die andere schwerblütig, mit geisterhafter Kompliziertheit: Große Literatur ist es hier wie dort!

Dem Verleger Siegfried Unseld gegenüber hat Johnson seinen Beitrag als «Variation über ein Frischsches Thema» bezeichnet (Brief vom 15. Januar 1981). Wie kommt er dazu, mit einer eigenen Erzählung auf eine Erzählung von Max Frisch zu antworten? Eine längere Vorgeschichte steckt dahinter, und eine Freundschaft, die ins Jahr 1962 zurückreicht. Eigentlich merkwürdig, von außen gesehen, dass sich der tiefernste, der steinerne Johnson und der bewegliche, ironische Frisch, der freilich auch einen Hang zur Düsternis hatte, so gut verstanden haben. Es war vor allem auch eine Arbeitsbeziehung, eine einseitige allerdings.

Johnson hat Frischs *Tagebuch 1966–1971* eingehend lektoriert. Frisch, der ihn großzügig entschädigte, fand, er habe nie einen besseren Lektor gehabt als den Autor der *Jahrestage*. Dieser kannte die unterschiedlichen Texte jenes kunstvollen Tagebuchs also wie kaum jemand sonst. Er kannte auch das übrige Werk, wie die Zitatensammlung *Stich-Worte* zeigt. Johnson hatte sie zum zwanzigjährigen Bestehen des Suhrkamp Verlags zusammengestellt als «eine Biografie von Max Frisch», die, gemäß Vorwort, nicht dessen «übliche Lebensdaten» ins Spiel bringt, sondern den Umgang des Schriftstellers mit der «heimatlichen wie der deutschen Sprache». Diese Kenntnisse aber hätten den Jüngeren noch nicht zu einer literarischen Replik veranlasst. Über manches, insbesondere über Geschlechterbeziehungen, dachte er zwar ganz anders, doch behielt er seine kontroversen Ansichten zunächst entweder für sich oder brachte sie mündlich an. Im Briefwechsel mit Frisch kommen die Meinungsverschiedenheiten erst nach Jahren etwas deutlicher zu Wort.

Hinter der *Skizze eines Verunglückten* verbirgt sich ein schwerwiegendes biographisches Faktum: Im Jahr 1975 sah Uwe Johnson sein Leben zerstört. Er hatte von der Untreue seiner Frau Elisabeth erfahren. Lange schwieg er sich darüber aus, anscheinend auch gegenüber Max Frisch. Diesem allerdings schickt er in tiefster Krise, am 11. September 1975, eine erste Fassung seiner *Skizze eines Verunglückten*. Sie ist damals noch als Teil der *Jahrestage IV* geplant. Der zugehörige Brief erläutert überraschend deutlich die Hintergründe des beigelegten Typoskripts: Johnson erinnert den Adressaten an ein Gespräch über Ehe und Eifersucht, das sie beide im März desselben Jahres in Sheerness führten. Da sie – von der heimkehrenden Elisabeth – gestört wurden, hatte Johnson nicht die Möglichkeit gehabt, gleich zu antworten. So legte er, sagt er im Brief, seine Ansichten Dr. Joe Hinterhand in den Mund, der Hauptfigur der beigelegten Erzählung. Dieser

Hinterhand sei zwar eher komisch mit seinen «Theorien und in seinen Tiraden gegen die Ansichten des Schriftstellers Max Frisch». Doch könne er sich eben nicht erholen von der Tatsache, dass ein über alles geliebtes Mädchen «ihm heimlich einen Liebhaber mitbringt in die Ehe». Der verzweifelte Held des Textes wütet gegen «diesen Max Frisch», weil er in einem Roman *(Gantenbein)* eine «Ich-Person, einen Ehebrecher», «ungefähr» sagen lässt: «‹Warum soll die Frau, die man liebt, nicht andere Männer haben? Es liegt in der Natur der Sache.› Wieso Sache. Wieso Natur.» Wenn man liebe, gehe man auf im andern, und werde man verraten, bedeute das den Verlust des eigenen Selbst. Denn diesem andern hat man alles von sich erzählt, sich so erst erschaffen durch ihn. Das «Mädchen, meine Frau», die zu einem Dritten läuft, hat «das Geheimnis» preisgegegen, «ohne das ich nichts bin außer in ihr, so bin ich hin als Person». Mr Hinterhand habe sich an immer anderen Fassungen dieses Briefes an den Schriftsteller Frisch versucht, heißt es am Schluss des Typoskripts.

Erstaunlicherweise geht Frisch in seinem Schreiben vom 27. September 1975 weder auf die Geschichte noch auf den Brief ein. Offenbar hat er Johnsons Text gar nicht als autobiographisches Bekenntnis erkannt, sondern als Story gelesen. Die sehr direkten Angriffe Hinterhands mögen ihn auch verletzt haben. Oder hat ihn die verschlüsselte Botschaft gar nicht erreicht? Er pendelte damals zwischen Berlin und Berzona. Später ist bei Johnson zu lesen, die Geschichte sei gemäß den Ratschlägen Frischs jetzt umgearbeitet. So viel zum biographischen Hintergrund der Erzählung, die dann erst 1981 zu Frischs Geburtstag erscheint.

In der Zwischenzeit irritiert es Frisch, dass der alte Freund Johnson wenig Vertrauen zu ihm hat, zumal er selber in Krisen bei diesem Zuflucht gesucht hatte. Am 15. Juli 1977 endlich macht er deutlich, dass er gern mehr über Johnsons Unglück erfahren würde: «Ihnen, lieber Uwe, geht es nicht gut. Ich weiß es [...]. In

Berzona habe ich gehofft, wir kommen ins Gespräch. Es fiel soviel Schnee. Vielleicht habe ich etwas falsch gemacht. Uwe, seien Sie wohlwollend mit sich selbst …» Im Januar 1977 hatte sich Johnson für einige Tage in Berzona aufgehalten. Erst am 31. August 1978 teilt er Frisch brieflich mit: «Elisabeth und ihre Tochter leben seit einigen Monaten von mir getrennt, unter einer mir unbekannten Adresse.»

Drei Jahre, bis 1978 also, hat Johnson seine Ehe gegen außen aufrechterhalten. Es kursierten aber Gerüchte, und so redete er 1979, am Schluss der Frankfurter Poetikvorlesungen, öffentlich Klartext: Bei seinem Emigrationsroman *Jahrestage* habe er sich «in Sachen Č.S.S.R.» helfen lassen, und zwar von der deutschen Absolventin eines Prager Semesters, «die er für seine Frau bloß gehalten, für seine Mitarbeiterin bloß angesehen habe». Die «tschechoslowakischen Elemente» in seinem Buch seien dadurch in Misskredit geraten, denn seine Gattin (Heirat 1962) habe seit 1961, seit vierzehn Jahren also, «in inniger Verbindung» mit einem Agenten des tschechoslowakischen Staatssicherheitsdienstes gestanden. Als er, Uwe Johnson, 1975 dessen gewahr wurde, seien die Auswirkungen für ihn gewesen: Beschädigung der Herzkranzgefässe, Depression und «writer's block». Mit zwei Zeilen am Tag, fünf Zeilen in der Woche habe er jetzt versucht, sich das Schreiben wieder beizubringen.

Immerhin hatten die traurigen Hinterhand-Seiten 1975 noch geschrieben werden können.

Angesichts der beiden gefährlichen Geschichten muss man im Voraus betonen, dass Johnsons Frau Elisabeth nichts geschehen ist und dass auch Frisch nie einen Unfall mit tödlichen Folgen für die Beifahrerin gebaut hat.

Beide Texte handeln von der Zerstörungsgewalt ihrer Liebeskonzepte. Auch wenn sich diese fast diametral unterscheiden, ist doch das eine wie das andere der alten männlichen Vorherrschaft verpflichtet. Hier wie dort bringt der Mann seine Geliebte um. Eine gewichtige Differenz bleibt insofern bestehen, als Frisch mit seinem Mörder ins Gericht geht, während Johnson aus dem seinen einen tragischen Fall macht.

Frisch lässt den Arzt Viktor mit seiner Freundin durch Südfrankreich reisen. Die promovierte Romanistin begegnet Viktor von Gleich zu Gleich. Das hält er nicht aus. Durch kleinste Ermahnungen sieht er sich grundsätzlich in Zweifel gezogen. Er glaubt, sie demontiere seine ganze Person, wenn sie einer Ausführung mit der Frage begegnet: «Bist du sicher?» Vor Montpellier kommt's zum Unglück. Sie hat wieder einmal seinen Fahrstil bemängelt, und er lenkt den Wagen so, dass sie tödlich verletzt wird. Er überlebt und wird freigesprochen, denn er hatte Vorfahrt. Jahre später, als er in den Ferien wieder an das Ereignis von Montpellier denkt, schwimmt Viktor so weit ins Meer hinaus, bis er nicht mehr zurückkann. Die Erinnerung, die gemäß Frisch immer auch Gegenwart ist, hat ihn schuldig gesprochen, und er vollzieht an sich das Todesurteil. Der Autor schlägt sich damit zuletzt auf die Seite der Frau als des Opfers.

Ganz anders Johnsons Protagonist. Er ist Schriftsteller von Beruf und veröffentlicht unter dem Pseudonym Joe Hinterhand. Eigentlich heißt er Joachim de Catt. Anders als Viktor will er die Liebe auf Dauer, bedingungslos. Er hängt einer eigentlichen Ehereligion an. In einer Zeit, da die Ehe zunehmend als etwas Vorläufiges gilt, glaubt er, ihm und seiner Frau gelinge die unerschütterliche gegenseitige Bindung. Dabei ist er überzeugt, sein Modell sei das Anliegen beider, und es würde selbstverständlich ein gemeinsames Alter geben: «Wenn wir hingegen alt sind: du etwas dicker und ich mit längeren Falten [...]» Der Ehebruch sei heute zum bürgerlichen Schwank verkommen, so habe er für sich die Ehe neu entwerfen wollen – in einem anachronistischen Akt. Der Treuebruch seiner Frau, ihr jahrelang verstecktes Verhältnis mit einem anderen Mann, trifft Joe Hinterhand in die Mitte seiner Existenz. Aus seiner Lebensordnung stürzend, bringt er die Frau um. Möglicherweise bezieht sich Johnson damit auf eine noch andere Erzählung aus Frischs zweitem Tagebuch, nämlich auf ‹Glück›. Dort ist ein Liebhaber drauf und dran, seine Geliebte aus «lächerlicher» Eifersucht zu töten, doch begeht er die Tat nur fast: Nach dem Anfall steckt das kleine Beil im Block, «sie stand daneben, ich hatte das Scheit noch in der Hand, das ich hatte spalten wollen – das war alles [...]: Glück!» So Frisch. Hinterhand kommt in New York für acht Jahre hinter Gitter. Arbeitsunfähig, schreibunfähig, auf der ganzen Linie gescheitert, wartet er danach nur noch auf sein Ableben.

Mrs. Hinterhand hat gegen die Liebesvision ihres Mannes verstoßen, die sich auf Platons Androgynen-Mythos stützte: dass nämlich Mann und Frau zwei Hälften eines Ganzen darstellten. Darüber hinaus mache das «Weib» den Mann erst schöpferisch, wie Hinterhand mit Berufung auf Ernst Bloch festhält. Das Lebensgeschenk des Mannes an sie besteht wiederum darin, dass sein Werk *ihre* Farben tragen. Wehe, wenn sie dieses beschmutzt. Raffiniert legt Johnson die fundamentalistische Auffassung einem Mann in den Mund, der mit Jahrgang 1906 eine Generation älter ist als er, der 1934 Geborene. Der Ehefanatiker de Catt, einst aus Nazideutschland geflohen, lebt mit seiner Frau, wie Johnson selbst, in einem englischen Küstenort, bevor er in die USA emigriert. Alle entscheidenden Angaben stimmen mit der Biographie des Verfassers überein, nur sind sie zeitlich zurückverschoben, von der Diktatur der DDR in die Diktatur der Nazis.

Es will einem vorkommen, als hätte Frisch doch noch auf Johnsons Geschichte geantwortet, für sich und ohne dass der Kollege, der 1984 starb, je davon erfuhr. In *Skizze eines Verunglückten* malt sich der noch ahnungslose Ehemann Hinterhand aus, wie er und seine Frau im Alter dereinst wohnen könnten. Wenn das nicht in New York wäre, so denkt er, ließe sich alles verlegen, «in eine dieser neuenglischen Gegenden», wo weiße Häuser aus Holz «zierlich stehen». Von der Terrasse aus sei dann das von verwitterten Steinbänken umgebene Schwimmbad «zu sehen als ein See in jahreszeitlich wechselnden Sandbänken verschwimmend». Das betagte Paar würde Leute, die ihnen gefallen, einladen in das Haus, das in der Nacht knackt und mit altmodischen Möbeln bestückt ist. So Hinterhands neuenglisches Idyll.

Johnsons Geschichte ist, wie gesagt, 1981 erschienen. Ein Jahr später sitzt Max Frisch in einer New Yorker Bar und zeichnet ein weißes hölzernes Haus auf, sein «Lebensabendhaus», das er sich in Neuengland vorstellt, unweit eines Wassers, eines Sees oder eines Meers. Er würde allein darin leben. Gelegentlich hätte er Gäste, Paare, frühere Geliebte. Auch die Toten kämen vorbei, sein älterer Bruder Franz, der von der Mutter redet, sein Freund Peter Noll oder «der junge Tschechow, der Tolstoi getroffen hat». Nur einmal flackert der Verdacht auf, es handle sich bei dieser Villa um ein städtisches Altersheim. Dann verwandelt sie sich zurück ins Traumhaus. Die Vision findet sich in den *Entwürfen zu einem dritten Tagebuch.* 2010 sind sie als Fragment erstmals erschienen. Von einem Paar ist bei Frisch nicht mehr die Rede.

4. Das vergessene Vorbild: Max Frisch und Luigi Pirandello

Zwei geniale Bücher, je ganz anders und doch im Innersten verwandt: *Mattia Pascal* (italienisch *Il fu Mattia Pascal*) von Luigi Pirandello und *Stiller* von Max Frisch. Sie liegen fünfzig Jahre auseinander: Pirandellos erster Roman ist 1904 erschienen, Frischs Durchbruchsroman 1954. Dieser hätte bei allen Unterschieden ohne Pirandello wohl anders ausgesehen. Freiheit und Rolle, Freiheit und gesellschaftliche Zuschreibung sind Lebensthemen sowohl von Pirandello wie von Frisch. Darum kommen die beiden Erzähler auf ähnliche Geschichten.

Die Nachkriegsmoderne, die Epoche des Traumas nach der großen Katastrophe, greift gern auf die klassische Moderne zurück. Auch diese hatte einst Ideologien abgeschüttelt, traditionelle Formen gesprengt. Zur Bewältigung der Gegenwartserfahrung werden passende Muster in der Vergangenheit gesucht. Pirandello, Strindberg oder Tschechow werden so zu Leitfiguren einer höchst aktuellen Weltdarstellung. Wenn andere Dichter des mittleren 20. Jahrhunderts «kafkaesk» schreiben oder sich auf Faulkner, Hemingway, Thornton Wilder, Joyce berufen, so verrät Frisch eine Inspiration durch Pirandello. Diese Faszination verspürten auch Robert Musil und etwas später die Autoren des Nouveau Roman, Alain Robbe-Grillet beispielsweise. Wie es also ein kafkaeskes Schreiben gibt, so gibt es nicht weniger eines, das man als pirandellianisch, gemäß dem italienischen Wortgebrauch «pirandelliano», oder als «pirandellesk» bezeichnen kann. Es ist eine legitime Ausdrucksform der jüngeren Moderne.

Die ebenso erzählfreudigen wie auch philosophisch wachen Schriftsteller, Pirandello und Frisch, fanden Bestätigung beim dänischen Philosophen Sören Kierkegaard: in Existenzfragen vor allem in dessen Hauptwerk *Entweder – Oder* (1843) und der *Nachschrift zu den Philosophischen Brocken* (1846). Kierkegaards frühe Schrift *Über den Begriff der Ironie* (1841) dürfte ihre Vorliebe für witzige Tragik oder schreckliche Komik unterstützt haben. Die Weltliteratur ist ein unendliches Gespräch, das unerwartete Richtungen nimmt und sprachenübergreifend immer neue Volten schlägt. Pirandello greift sehr bewusst auf die Illusionsbrüche der deutschen Romantik zurück. Er und Frisch stehen bei aller Modernität aber auch in einer älteren Tradition der Maskenspiele und Verstellungskomödien, der Abenteurer, der Utopisten eines herrschaftsfreien Raums, der ausbrechenden und heimkehrenden Helden. Zu diesen gehörte seit je auch das Scheitern, manchmal traurig, oft lächerlich, je nach Blickwinkel.

Sowohl Mattia Pascal wie Stiller wagen den Aufbruch in ein endlich selbstbestimmtes Leben. Sie wehren sich gegen sozialen Zwang, die Fesseln von Familie und Ehe in einer kleinräumigen Heimat: Mattia Pascal im abgelegenen sizilianischen Miragno, Stiller im «Städtchen», wie er Zürich zu nennen beliebt. Beide Flüchtlinge geben am Schluss klein bei, allerdings auf je andere Art. Ihr kurvenreicher Weg in eine Freiheit, die sich als illusorisch herausstellt, verläuft unterschiedlich und weist dann doch wieder frappante Ähnlichkeiten auf.

Schon die Art ihrer Berichterstattung gleicht sich. Beide Protagonisten werden aufgefordert, ihr Leben schriftlich festzuhalten. Als er längst wieder zu Hause sitzt, schreibt der ehemalige Bibliothekar Mattia Pascal an seinem alten Wirkungsort, der Gemeindebibliothek, seine Biographie auf. Das tut er auf Anregung von Hochwürden Don Eligio Pellegrinotto, dem neuen Bibliothekar, der im Gegensatz zu Mattia Pascal an Bücher und ans Geschriebene glaubt. Der aber auch überzeugt ist, dass die Flucht aus der Gesellschaft auf Dauer nicht möglich ist. Das Manuskript des Totgeglaubten möge dies der Welt beweisen, denkt Don Eligio. Mattia berichtet unter dem eigenen Namen, den er zuvor verleugnet, dann neu gesucht und schließlich halbwegs wiedergefunden hat. In der Apsis der kleinen Kirche, in der die Bibliothek untergebracht ist, hält er Rückblick. Er eröffnet sein Manuskript mit der Feststellung: «Etwas vom wenigen, vielleicht sogar das einzige, was ich mit Sicherheit wusste, war, dass ich Mattia Pascal hieß.» Jedem, der ihn aufsucht, sagt er zu dessen Befremden: «Ich heiße Mattia Pascal.» «Ich bin nicht Stiller!», lautet hingegen Frischs berühmter Anfang. Doch auch hier wird der Heimkehrer vor ein Heft leerer Blätter gesetzt. Er sitzt in einer Zürcher Gefängniszelle, und sein amtlicher Verteidiger wünscht, dass er sein Leben aufschreibe – auch wenn er behaupte, er sei nicht Stiller. Er möge doch «einfach die Wahrheit» notieren. Diese fällt dann freilich höchst schillernd aus. Der Häftling montiert Zeugenaussagen über diesen «verschollenen Herrn Stiller». Er erzählt als Amerikaner James Larkin White, wie jener Stiller gewesen sei, für den sie ihn halten. Aus der Optik eines unbeteiligten Fremden rekonstruiert er damit seine eigene Biographie.

Das Schlüsselereignis des Aufbruchs nimmt sich hier wie dort etwas anders aus, wenn auch bei Pirandello wie bei Frisch die Helden zunächst einmal ihr Umfeld satthaben. Mattia Pascal ist seiner Frau und seiner Schwiegermutter immer überdrüssiger, nachdem die geliebte Mutter und seine kleinen Töchter gestorben sind. Stiller flieht aus seiner Ehe mit Julika. Sie liegt tuberkulosekrank in Davos. Monatelang hat er sie weder besucht noch hat er ihre Briefe beantwortet. An einem sonnigen Septembertag endlich reist er an. Zuerst schweigt er, dann wagt man einen kleinen Spaziergang. Ermüdet legt sich Julika ins warme Gras. Es kommt zu einer absurden Szene. Stiller packt sie, schreit «du», schluchzt wie einer, der aus der Kriegsgefangenschaft heimkehrt. Er kann sich nicht fassen, versucht, «in ihren Schoß zu beißen, zu beißen wie ein Hund, was aber infolge ihres starken Manchester-Rockes» nicht gelingt. Dann bleibt er liegen wie ein Toter, «schwer und reglos, ohne zu schluchzen [...] plump wie ein befriedigter Mann». Der merkwürdige Sexualakt – halb aussichtslose Liebesszene, halb Vergewaltigung – zeigt die ganze Not dieser Ehe. Die «Umarmung» lässt den Mann wie einen Toten zurück. Er hatte die Frau «kühles Meertier» genannt, ihr Frigidität vorgeworfen. Sie ist unwandelbar schön, nie ganz erreichbar. Nur halbwegs lebend, findet er. Vor ihr fühle man sich ständig schuldig. Stiller, im Zerwürfnis mit seinem Körper, ist sich in der Ehe von Anfang an «wie ein Besudelnder» vorgekommen, als ekle sie sich vor ihm. Als das Paar von seinem Ausflug ins Sanatorium zurückkehrt, wird Julika wieder eingepackt zur Kur auf ihrem Jugendstilbalkon. Wer bei Frisch im Leben versagt, der landet häufig in einem Jugendstilhaus. Solche Häuser hatte einst der Architekt Franz Bruno Frisch, der von seinem Sohn schwer bezweifelte Vater, entworfen. Stiller selber wird am Ende sein Dasein in einem Jugendstil-Chalet fristen. Von Davos reist er ab, ohne sich zu verabschieden. Zum vorletzten Mal.

Wochen später taucht er nochmals auf. Seine Liebschaft mit Sibylle, der Frau des Staatsanwalts, wurde im gegenseitigen Einvernehmen beendet. Für eine neue Zukunft mit ihr hat Stiller die Entschlossenheit gefehlt, während seine Geliebte im Bildhauer-Atelier unter der vermoosten Dachterrasse das erregende Gefühl erfüllte, man könne hier jederzeit aufbrechen und ein anderes Leben anfangen, «genau das Gefühl, das Sibylle damals brauchte». Solchen Ansprüchen ist der Mann nicht gewachsen. In der Nacht zuvor musste er von ihr hören: «Du wirst dich nie verändern, glaube ich, nicht einmal in deinem äußeren Leben [...] Oder glaubst du denn selber, dass du je ein anderer wirst?» Das war eine Provokation. Die Provokation durch eine Frau, die selbst zur Veränderung bereit ist und eine solche dann auch für sich allein eine Weile lang durchzieht. So wie etwa auch Yvonne, die Protagonistin des Romans *Die Schwierigen oder J'adore ce qui me brûle.*

Bei Frisch können Frauenfiguren ihre Visionen besser verwirklichen als ihre zögernden Männer. Das ist bei Pirandello anders. Frisch ist gerade in diesem Zusammenhang oft falsch gelesen worden. Man hat ihm vorgeworfen, die Frauen seien bei ihm nur Funktionen der Männer. Das trifft nachweislich nicht zu.

In einer Mischung von Hilflosigkeit und Brutalität begegnet Stiller nochmals seiner Frau Julika, bevor er sich nach Amerika absetzt. Es ist November geworden, und wiederum findet er sie «einer Mumie sehr ähnlich» auf ihrer «Jugendstil-Veranda» liegend. Er lehnt sich ans Geländer und erzählt, wie er sie im Traum erwürgt habe, wohl wissend, dass sie diese «Erzählerei von Träumen» schon immer gehasst hat. Dann redet er auf sie ein, hektisch, grausam wie im Befolgen eines fremden Befehls, «eines grimmig männlichen Befehls». Wäre er ein «voller und richtiger Mann», er hätte sie längst verlassen, versichert er. Er sei aber in ihre Herbstzeitlosenblässe verliebt gewesen, habe sie zum Blühen bringen wollen. Er habe vor ihr geheult, und sie, «die Dulderin», das «noble Wesen», das keine Vorwürfe brülle, habe ihm verziehen – ohne daran zu denken, dass sie es sei, die ihn kaputtgemacht habe. Im Gegenteil, antwortet sie, er habe sich von ihr ein Bildnis gemacht, «ein fertiges und endgültiges Bildnis». Das sei Sünde, das Gegenteil von Liebe: «Du sollst dir kein Bildnis machen von mir.» «Woher hast du das?», fragt Stiller nur. Sie hat es von einem jungen Jesuiten, der im Nebenzimmer kürzlich seiner Krankheit erlegen ist.

In der Frisch-Forschung wird das Wort vom Bildnisverbot immer wieder Stiller selber zugeschoben. Es stammt aber von der kranken Julika. Es sei aus, sagt Stiller abschließend, ihre Krankheit beeindrucke ihn nicht weiter, ihre Tränen wirkten nicht mehr. Sterben müssten wir nämlich alle. Er verschwindet und wird auch in seinem Bildhaueratelier nicht mehr gesehen. Dieses steht leer, sechs oder bald sieben Jahre. Nicht nur Julika, auch seine Plastiken sind ihm wie «Mumien» vorgekommen. Alles Gewesene will er nun tot sein lassen. Er hat es von sich geworfen, die Arbeit, an der er zweifelte, und vor allem die Ehe, in der er weder sich noch seine Frau annehmen konnte. Ob er nun wirklich ein anderer wird?

Bei Pirandello verläuft der Aufbruch einfacher. Allerdings auch um einiges grotesker. Um Beziehungskalamitäten und Freiheitsvisionen geht es freilich auch hier. Eine kleine Verliebtheit hat Mattia Pascal in eine Ehehölle geraten lassen und ihm «eine alte Hexe» von Schwiegermutter beschert, die Witwe Pescatore. Er argwöhnt, sie und seine Frau würden sein eigenes «Mütterchen», das er zu sich genommen hat, schlecht behandeln. Das Mütterchen ist verarmt. In seiner Gutgläubigkeit hat es das vom frühverstorbenen Mann ererbte Vermögen allmählich verloren. Mattia will seine Schwiegermutter hinauswerfen, Romilda, seine Gattin, stellt sich dagegen. Es kommt zum Handgemenge zwischen ihm und der Witwe Pescatore, wobei sie ihn am Bart packt und ihm das Gesicht zerkratzt. Mattia sieht sich selber zu dabei, «tränennass vor Lachen», wie auf einer Bühne als «Darsteller in einer Tragödie, die man sich gar nicht komischer hätte vorstellen können».

Auch Stiller in Davos hat sich wie auf dem Theater gefühlt, als er sich aufführte, als wäre er «Mortimer oder Clavigo». Sowohl Pirandello wie Frisch entwerfen lustvoll todernste Szenen, um sie dann ins Possenhafte kippen zu lassen. Dies in vielen grandiosen Geschichten, auch in manchen ihrer Bühnenstücke. Seine «böse Fröhlichkeit» rettet Mattia freilich nicht. Er muss eine Bibliothekarsstelle annehmen, um die Familie durchzubringen, mit sechzig Lire monatlich. Seine Frau kommt mit Zwillingsmädchen nieder, von denen das eine nach ein paar Tagen stirbt, das andere war «so grausam», erst zu sterben, als es «niedlich geworden war» mit seinen goldblonden Löckchen und «Papa» jauchzte. Es lässt den Vater fast wahnsinnig vor Schmerz zurück. Gleichzeitig segnet seine geliebte Mutter das Zeitliche.

Mattia irrt durch die Nacht, findet sich auf dem Gut La Stìa, das einst seiner Familie gehört hat, am Mühlbach und dann, nach einem der üblichen Auftritte mit Frau und Schwiegermutter, am Bahnhof. In Marseille will er sich nach Amerika einschiffen. In Nizza verlässt ihn jedoch der Mut, weil er so wenig Geld in der Tasche hat. Er steigt aus, gerät ins Spielcasino von Monte Carlo. Ein hellsichtiger Rausch erfasst ihn, wie unter einer «teuflischen Macht» spielt er an mehreren Tagen mit vollen Einsätzen und gewinnt ein kleines Vermögen. Damit plant er zurückzufahren und den Hof La Stìa auszulösen.

Wenn Frisch seine Figuren in Krisensituationen auf einem Meerschiff reisen lässt, so trifft man Pirandellos Helden in Zügen und auf Bahnhöfen an, sobald sich bei ihnen etwas ändert. Im ersten italienischen Bahnhof kauft Pascal eine Zeitung, besteigt erneut den Zug und liest den fettgedruckten Titel: «Selbstmord!» Dazu den Bericht, im Mühlgraben des Gutshofs La Stìa bei Miragno habe man gestern, den 28. des Monats, eine Leiche im Zustand fortgeschrittener Verwesung aufgefunden. Sie sei «identifiziert als die Leiche unseres Bibliothekars Mattia Pascal, der seit einigen Tagen spurlos verschwunden war». Zuerst ergreift ihn die Wut. Es sei wohl seine Schwiegermutter gewesen, die sich vor den dort aufgefundenen armen Teufel hinkniete, Trauer vortäuschte und dabei an den Schwiegersohn dachte: «Mach, dass du fortkommst, ich kenne dich nicht.» Am nächsten Bahnhof steigt er aus, will telegraphieren und der Zeitungsnotiz widersprechen. Dann durchfährt es ihn blitzartig: «Meine Befreiung, meine Freiheit, ein neues Leben! Ich hatte 82 000 Lire in der Tasche und würde sie niemandem erstatten müssen! Ich war tot, mausetot. Ich hatte keine Schulden mehr, keine Frau, keine

Schwiegermutter mehr: niemanden! Frei! Frei! Frei! Was wollte ich mehr?»

Von einem Apotheker des Ortes lässt er telegraphisch mehrere Exemplare der einzigen Zeitung von Miragno, des Wochenblatts *Il Foglietto*, bestellen, und findet darin einen erschütternd heuchlerischen Nachruf auf ihn, Mattia Pascal. Jetzt ist er «frei von jeder Bindung [...] frei, neu geboren». Er ist Herr seiner selbst, kann die Zukunft nach seinem Geschmack gestalten.

Pirandello muss Frischs innersten Nerv getroffen haben, nicht zuletzt mit den Romanen, vor allem seinem ersten *Il fu Mattia Pascal*, aber auch mit seinem dritten und letzten, *Uno, nessuno, centomila* (1926, dt. *Einer, keiner, hunderttausend*). Der Sizilianer hat ihm entsprochen wie kein Schriftsteller sonst, auch Bertolt Brecht nicht, außer in den dreißiger und vierziger Jahren der Lyriker Albin Zollinger. Eine ins Schweizerische gewendete Variante der Geschichte von der falschen Todesnachricht wird im Roman *Mein Name sei Gantenbein* eine fulminante Erzählung abgeben, eine der ‹Geschichten für Camilla› und zwei Jahre später die brillante *Skizze eines Films: Zürich-Transit.*

In seiner etwas zufälligen Bibliothek hat Stiller Pirandello stehen, «alles in deutscher Übersetzung», nebst manchem anderen, Einzelwerken vor allem, Thomas Manns *Zauberberg* etwa, das eine oder andere von Proust, Nietzsche, Platon und «ziemlich viel von einem Schweizer namens Zollinger». Frisch verweist also selber auf den Ahnherrn aus der Gegend von Càvusu bei Agrigent, der, was das Theater betrifft, in jenen fünfziger Jahren, da der Roman *Stiller* entsteht, auf den europäischen Bühnen erst richtig entdeckt worden ist. Den Namen Pirandello wird Frisch denn auch gelegentlich wie ein Zeichen in eines seiner Dramen einstreuen, in *Biografie: Ein Spiel* etwa. Weniger bekannt war Luigi Pirandello damals als Romancier. – Auf die Nähe Frischs zu Pirandello ist insbesondere in der amerikanischen Literaturwissenschaft schon gelegentlich hingewiesen worden.

Pirandellos erster Romanheld, Mattia Pascal, hat also seine Freiheit gefunden – wenigstens für anderthalb Jahre. Und Stiller? Er bricht auf zum Versuch einer Neugeburt. Mr. White berichtet darüber in üppigen Geschichten zuhanden des Gefängniswärters Knobel. Frisch folgt seiner Ästhetik, gemäß welcher die Wahrheit nur übers Erzählen von Geschichten auszudrücken sei. Ein naiver Zuhörer wie Knobel ermöglicht denn auch ein fast naives Erzählen. Der Autor rettet so eine handfeste Seite seiner Literatur vor dem Dogma der Moderne, man könne nicht mehr erzählen.

Ein Schiffsbauch trägt White/Stiller durch den Ozean nach Amerika. Ohne Papiere reist er als blinder Passagier eines italienischen Frachters. Es stinkt, ist heiß, der Schweiß rinnt ihm aus allen Poren: «Es wäre die Chance meines Lebens gewesen, allein zu sein, eine ungestörte Chance von achtzehn Tagen und neunzehn Nächten bei meistens ruhiger See.» Im Geschaukel könnte ein neues Wesen entstehen. Doch er bleibt der Alte. Er kann Julika Stiller-Tschudy im Geist nicht abschütteln. Sie stört sein Zu-sich-selber-Kommen: Die Finsternis, die «Endlosigkeit mit tropfenden Minuten» reichen nicht aus, «die Öde» zwischen ihm und seiner Gattin zu vertreiben. So hockt er da, «blind wie ein Maulwurf», auf einem Bündel von Stricken, und stößt Verwünschungen aus gegen das «zarte Weib von Davos».

In einer hügligen texanischen Wildnis kommt er etwas weiter mit seinem Projekt der Selbstbefreiung. Er sei Cowboy geworden, flunkert er, habe eine Felsspalte entdeckt, dahinter einen Schlund, riesengroß, schwarz wie die Nacht. Er erobert Grotten, hoch wie Notre-Dame, Märchensäle mit Tropfsteinsäulen: «In Totenstille tropfte es aus Jahrtausenden. Wahrscheinlich wollte ich einfach in eine Kaverne gelangen, wo es nicht weitergeht, wo das Ungewisse aufhört … So weit gelangte ich nicht.» Er vergisst die Zeit, denkt dann aber doch an Rückzug, steigt mühsam hinauf. Wieder an der Luft, legt er sich auf «die warme Erde, von grauem Sand und Blut verschmiert». Der Geburtsprozess ist angelaufen. Es folgen weitere Höhlengänge, gefahrvolle Abstiege in unterirdische Labyrinthe – bildmächtige Erkundungen des Unbewussten. Der Abenteurer vergleicht die Höhlen mit einem «seltsamen Arkadien der Toten», einem «Hades, wie Orpheus ihn betreten hat». Dort sei auch das Zimmer einer Königin zu sehen, «die nie gelebt hat» – inmitten von «Monumenten des Phallus, die ins Riesenhafte ragen» stehe ihr Thron. Man erinnert sich: Bildhauer Stiller fühlt sich an eine Frau gekettet, die nie richtig Fleisch und Blut geworden sei.

Ein anderes Mal lässt sich der Erzähler von einem Jim White begleiten, mit vollem Namen James Larkin White. Bei höchster Gefahr kommt es in den finsteren Abgründen zu einem Kampf auf Leben und Tod, den White nicht überlebt. Unter diesem Namen aber wird Stiller später in die Schweiz einreisen. Die schrittweise Erschaffung eines neuen Selbst ist in eine weitere Phase getreten.

Daneben erfährt er in Amerika ein betörendes, großmächtiges New York und – vor allem – ein archaisches Mexiko, wo Ich-Zweifel und Liebestüfteleien gar nicht erst in Betracht kommen. Stiller alias James Larkin White erinnert sich im Zürcher Gefängnis an die Totennacht der Indianer auf Janitzio. Die Frauen kauern mit ihren Kindern auf den Gräbern des Friedhofs, auf dem kein einziger Grabstein steht. Der Name der Toten ist nicht von Belang. Die Männer beten in der Kirche. Die Stille ist einfach Stille, «nicht Andacht, nicht Innerlichkeit in unserem Sinn». Die kargen Rituale – das Abbrennen von Kerzen, Zerrupfen von Blumen, das Nähren der Toten mit Gerüchen gekochter Speisen – werden ohne unnötige Gebärden ausgeführt, ohne sogenannte Stimmung, ohne Schauspielerei, ohne Nachdruck, hier sei etwas Sinnbildliches gemeint. Tausende toter Seelen flackern in den Kerzen. Sie sollen aufsteigen in den Schoß der bis zum Morgengrauen ausharrenden Frauen. Eine Nacht der stillen Geduld sei das gewesen, eine Hingabe an das unerlässliche «Stirb und werde».

Ungeduld und Widerstand eines Künstlers der Moderne müssten eigentlich vor solchen Tatsachen verpuffen. Vielleicht sind sie aber auch nur ein Gegenbild für den mit seiner Schweiz und seiner Zivilisation hadernden Stiller. Die indianische Lehre jedenfalls vermag ihn nur zu streifen. Das Wissen um die Zeit, um Erwartung und Erinnerung kann er nicht überwinden. Er bringt sich selber, den durch seine Biographie geprägten Stiller, auch in Übersee nicht ganz los.

Anders dagegen Vitangelo Moscarda, der Held aus Pirandellos *Uno, nessuno, centomila*. Er – etablierter Bürger, Bankier von Beruf – konstatiert schockartig, dass die andern ein Bild von ihm haben, das ihm selber fremd ist. Aus Verwirrung darüber wendet er sich von allem ab, was ihn mit der menschlichen Gesellschaft verbindet. «Kein Name, nur kein Name!», sagt er. «Keine Erinnerung heute an den gestrigen Namen – keine morgen an den heutigen! Ein Name ist nichts anderes als eine Grabschrift [...] Das Leben hört nie auf und kennt auch keine Namen. Dieser Baum – ein zitternder Atemzug junger Blätter – dieser Baum bin ich! Baum – Wolke; und morgen Buch oder Wind [...]» Er findet die Ewigkeit, das «Stirb und werde» in den Dingen der Natur «draußen vor der Stadt». Er wird Baum, Wolke, Wind: «Nur so kann ich noch leben jetzt: Neu geboren werden jeden Augenblick d.h. jeden Augenblick sterben und ohne Erinnerungen neu geboren werden.» Das Ausgeliefertsein an die Zeit, welche jede Gegenwärtigkeit wegfrisst, ist Frisch gerade in jüngeren und mittleren Jahren, als er an *Stiller* und *Homo faber* saß, als Skandalon erschienen. Auch Stiller wird sich immer neu gegen seinen Namen wehren. Erfolglos, wie man weiß. Amerika sei eine grässliche Zeit gewesen, sagt er im Nachhinein. Man ist überrascht. Damals war er ja frei. Er konnte gehen, wohin er wollte, trotzdem war es grässlich. Erst ein Selbstmordversuch bringt die Wende in seiner Geschichte.

Suizide gehören zu den Angelpunkten beider Romanhandlungen, in *Stiller* wie in *Il fu Mattia Pascal*: ein fälschlich gemeldeter, ein fingierter und ein misslungener Suizid. Niemand kommt dabei um. Was stirbt oder doch kurzfristig zu sterben scheint, sind überlebte Existenzen, Rollen, Zuschreibungen. Ohne dass aber die zweiten Geburten, die neuen Konstruktionen des Selbst, wirklich gelingen. Die beiden Helden ziehen unterschiedliche Schlüsse aus dieser Erkenntnis. Dennoch bleiben sie beide am Ende in Resignation zurück. Ihr Kampf ist vorbei, der vitale Zorn verpufft. Ihr Lebensbereich ist eng geworden, enger als vor dem Ausbruch, was aber möglicherweise ihrem Willen entspricht. Jämmerlich mögen ihre kargen Tage jetzt aussehen, etwas daran ist aber auch beruhigend. Beide, Stiller und Mattia Pascal, enden nicht in einer blutigen Tragödie, sondern in Beckettscher Einsamkeit.

Bevor seine ‹Aufzeichnungen im Gefängnis› abbrechen nach dem Gerichtsurteil, er sei identisch mit dem «seit sechs Jahren, neun Monaten und einundzwanzig Tagen verschollenen Anatol Ludwig Stiller, Bürger von Zürich», berichtet er von einer Episode in den USA, die ihn tatsächlich in die Nähe einer Verwandlung gebracht hat. Vor zwei Jahren habe er sich das Leben nehmen wollen. Das Vorhaben misslang, weil die alte Schusswaffe vorzeitig losging und seinen Schädel nur streifte. Er war verletzt, geriet in einen unerträglichen Zustand von Bewegungslosigkeit, dies wohl aufgrund von Medikamenten, die ihm im City-Hospital verabreicht wurden. Er war nur noch «vorhanden … rettungslos ohne Schluss, ohne Tod». Die Zeit war weg, die Zeit als Medium, worin man handeln kann. Ihn überkam das Gefühl, das er als Bub hatte, als er in den Abwasserkanal kroch: Das kleine Loch mit Tageslicht erschien so weit weg, dass er steckenblieb. Den fundamentalen Schrecken darüber nennt White/Stiller fortan seinen «Engel».

Er habe sich jener versuchten Selbsttötung nie geschämt. Er

hatte die Absicht, ein Leben, das nie eines war, von sich zu werfen. Dann aber erlebte er in jenem Spital «eine ungeheure Freiheit: Alles hing von mir ab … Näher bin ich dem Wesen der Gnade nie gekommen». Das kam so: Ein rasender Schmerz setzte ein, und er entschied sich für das Leben, um dereinst einen «wirklichen Tod» zu sterben. Er hatte die bestimmte Empfindung, «jetzt erst geboren zu sein». Mit einer Unbedingtheit, die auch das Lächerliche nicht zu fürchten hat, fühlte er sich bereit, nämlich, «niemand anders zu sein als der Mensch, als der ich eben geboren worden bin, und kein anderes Leben zu suchen als dieses, das ich nicht von mir werfen kann».

Um zu erreichen, dass die andern, die in seinen Träumen weiterleben, Julika als Erste, seine Neugeburt anerkennen, kehrt er in die Schweiz zurück. Jene aber behaften ihn auf der ersten Geburt, die ihm vor achtunddreißig Jahren in Zürich widerfahren war. Von diesem Spannungsgefüge handelt der Roman *Stiller.*

Der heimgekehrte Mattia Pascal hingegen lebt in Frieden, wie er behauptet, in einer Art Vorhof des Todes, der Stillers letzter Isolation von Glion ähnlich sieht. Mattia hatte seine Wurzeln gesucht, seinen ersten Namen. «Rincarnazione», «Wiedergeburt» heißt denn auch das vorletzte Kapitel mit der Schilderung seiner Rückreise. Er findet zu den alten Verhältnissen zurück, ohne in sein früheres Leben wieder eintreten zu können. Seine Frau ist mit einem anderen verheiratet. Er wisse wirklich nicht zu sagen, wer er sei, betont er Don Eligio gegenüber, für den er sein Leben aufschreibt. Ab und zu geht er auf dem Friedhof von Miragno zum Grab des Unbekannten, der in La Stìa Selbstmord begangen hat. Noch immer steht auf dem Grabstein: «Von widrigen Schicksalsschlägen getroffen / aus eigenem Willen aus dem Leben geschieden / ruht hier / ein großes Herz, ein offener Geist / MATTIA PASCAL / Bibliothekar». Wenn ihn auf dem Rückweg einer fragt, wer er jetzt sei, antwortet er, er sei «Il fu Mattia Pascal», «Mattia Pascal selig».

Wie Stiller hat er eine weite, in seinem Fall gut zweijährige Reise hinter sich. Diese bringt er also in der Bibliothek der Kirche Santa Maria Liberale zu Papier. Es stellt sich hier wie auch bei Stiller die Frage, ob nicht dieses Schreiben als solches ein gesichertes Selbst zu erzeugen vermag. Wenigstens in ihren Manuskripten erschaffen die zwei Rückkehrer ihre Person neu, doppelgesichtig, erstellen sie die «wahre» Geschichte ihres Ichs.

Mattia Pascal setzt also seinen Reisebericht fort. Nachdem ihm die Zeitung beigebracht hat, er sei gestorben, will er sich zum Schmied eines neuen Schicksals machen. Ihm schwebt vor, sich sorgfältig umzuformen. So werde er am Ende nicht nur zwei Leben gelebt haben, sondern zwei Menschen gewesen sein. Er lässt sich den Bart rasieren. Nun fällt allerdings sein «lächerliches» fliehendes Kinn auf. Auch sein Schielauge wird er operieren lassen. Im Zug Richtung Turin schnappt er einen Namen auf, kombiniert ihn und tauft sich Adriano Meis. Auf der Damentoilette «bestattet» er seinen Ehering. Dann geht er daran, für Adriano Meis eine Vergangenheit auszudenken, ihm eine Kindheit zu bauen, einen Großvater zu basteln. Dieses Geschichtenausmalen bereitet ihm unbändiges Vergnügen. Nur ab und zu beschleicht Adriano Meis als «durch die Welt ziehende Erfindung» ein bisschen Wehmut. Wenn er beobachtet, wie die Leute untereinander verbunden sind, erinnert er sich an seine vielen durchtrennten Beziehungen. Er dürfe sich nicht mit den Menschen einlassen, ermahnt er sich, nur mit der unbelebten Natur. Er besucht die herrlichen italienischen Städte, in lebendigem Gespräch geführt vom «lieben Großvater» seiner Einbildung. Dann überkommt ihn wieder der Gedanke an seine einzigartige, grenzenlose Freiheit: «Herr meiner selbst! Ohne jemandem Rechenschaft über etwas ablegen zu müssen! Ich konnte gehen, wohin es mir gefiel.» Er lebt ausschließlich mit sich allein. Nach einer kleinen Deutschlandreise wird ihm in Mailand allerdings klar, dass er ein kleines Wesen zum Freund haben müsste, einen Hund, der nicht fragt. Doch für einen solchen wären Steuern zu bezahlen, und er ist nirgendwo eingetragen. Nur das Einwohneramt von Miragno führt ihn noch, aber als Toten und unter einem anderen Namen. Der Hund bleibt ihm daher verwehrt. Er begegnet einem Reisenden, dem er mehr von sich preisgeben möchte. In einer Freundschaft aber werden zu viele Fragen gestellt, er muss sie meiden. Er vermisst allmählich seinen Bart, merkt, dass er sich nachts im Hotelzimmer mit dem toten Mattia Pascal einschließt.

Da er es ohne Menschen nicht mehr aushält, sucht er in Rom eine Bleibe, findet sie auch, nebst Adriana, einer wunderbaren jungen Frau. Sie ist die Tochter der Wirtsleute, zugleich Hausmädchen der Pension. Eine zarte Liebe entsteht. Doch ist es gerade diese Liebe, welche die Krise beschleunigt. Adriana ist entzückt darüber, dass er Adriano heißt. Doch mit diesem Namen ist er nicht aktenkundig. Ein Mensch muss registriert sein, sonst existiert er nicht. Eine Heirat kommt deshalb nicht in Frage. Ihm wird Geld gestohlen. Zur Polizei aber kann er nicht gehen, weil man ihn gleich auf seinen Namen behaften würde. Adriana versteht das alles nicht und leidet. Er muss sie von sich befreien, stellt sich ans Geländer einer Tiberbrücke, legt Hut und Stock davor, dazu einen Zettel mit dem Namen Adriano Meis. Sie soll glauben, dass er sich umgebracht hat. Dabei hat er nur die Puppe umgebracht, die er sich erfunden hat und mit der er nicht länger leben kann.

Wieder begegnet man ihm auf Bahnhöfen, zuletzt in Miragno, wo er den alten Namen wieder annimmt, allerdings mit der Silbe «fu» davor, «Il fu Mattia Pascal», «Mattia Pascal selig».

Merkwürdig: Die Liebe ist es letztlich, sie, die doch sonst ins Leben führt, welche die Freiheit verunmöglicht, die Freiheit, wie Pascal und Stiller sie verstehen. Der geliebten Adriana müsste Adrianos Biographie als Lüge erscheinen. Das ist unvereinbar mit seinem Gefühl. Er muss dieses Maskenleben also rückgängig machen. Etwas anders und doch analog dazu die Krise in *Stiller:* Das Ehepaar Julika und Stiller *muss* sich verpassen. Es ist das Paar «mit den Wundmalen», wie es in einer Geschichte heißt, die Stiller dem Wärter erzählt. Julika hält unverbrüchlich an Stiller fest, während er sich nur als White neu in sie verliebt. Auch in diesem Fall können Mann und Frau zusammen nicht kommen.

Im Mittelpunkt beider Romane also stehen Selbstmorde, die keinen Toten hinterlassen: der versuchte Selbstmord, der fingierte und der fälschlich berichtete Selbstmord.

Zum Schluss seien die Frischschen Varianten der pirandellesken Geschichte von der falschen Todesmeldung doch noch gestreift, als spätes schwankhaftes Echo auf den tragischen *Stiller.* Gantenbein erzählt eine der ‹Geschichten für Camilla›. Bei Frisch sind es übrigens diese famosen Schwindeleien, sowohl in *Stiller* wie in *Gantenbein,* welche auf eigentümliche Art die Form des Pikaresken weiterführen, die an Pirandellos Romanen, insbesondere an *Mattia Pascal* so oft hervorgehoben wird.

Gantenbein erzählt also: Ein Mann, der immer wieder mal sein Leben ändern wollte, ohne dass ihm dies je gelungen wäre, fliegt nach Hause. Er entfaltet ein «heimatliches Morgenblatt» von vorgestern, das er im fremden Flughafen gekauft hat. Darin liest er seine eigene Todesanzeige. Bei der Landung hat er das erste Mal Angst, weil die Maschine wegen Nebels so lange kreist. Sein Wagen ist unauffindbar. Ein Strolch muss ihn gestohlen haben und damit verunfallt sein, verbrannt. Er geht an seine eigene Beerdigung, ist der Erste auf dem Friedhof, versteckt sich ein bisschen, wird nicht erkannt; auch dann nicht, als er im Restaurant vorbeischaut, in dessen oberem Stock das Leichenmahl serviert wird. Gern hätte er richtig gefeiert, ein verrücktes Fest vom Zaun gerissen. Doch ihm bleibt nur die Straße, wo es regnet. Er ist traurig: «Obdachlos in der Vaterstadt, das geht an die Nerven.» Er schaut in der leeren Wohnung vorbei, ohne den Regenmantel auszuziehen. Dokumente – Briefe, Steuerbelege, Policen – liegen ausgeräumt da: «Plunder [...], Zeugnisse einer Anstrengung, die plötzlich überholt ist.» Sein Erstaunen fühlt sich angenehm an, meint er. Mehr hat der, der immer wieder sein Leben ändern wollte, jetzt doch nicht erreicht. Von Freiheitsarien, wie Mattia Pascal sie anstimmt, ist nicht die Rede. Später findet sich sein Hausschlüssel im Briefkasten, «was unerklärlich blieb ...» Man hat den Mann wohl nie wiedergesehen.

Aus dieser Gantenbein-Geschichte wird 1966, zwei Jahre später, die *Skizze eines Films: Zürich-Transit*. Erzählerische und szenisch dramatische Ausdrucksformen stehen sowohl bei Frisch wie bei Pirandello in Wechselwirkung. So hat dieser etwa das vierte Kapitel von *Mattia Pascal* in das erfolgreiche Stück *Liolà* (1916) verwandelt. Gantenbeins Mann mit der falschen Todesanzeige bekommt im Entwurf zum Film einen Namen: Theo Ehrismann, Dipl.-Ing. Er fliegt von London nach Zürich. Das Ganze ist aufs Lokale hin verändert, sowohl in den teilweise zürichdeutschen Dialogen wie in den genauen Ortsangaben. Im Filmskript konzediert Frisch seinem Helden mehr Euphorie. Damit rückt er etwas näher an Mattia Pascal heran. Es sind Filmbilder geplant, in denen man Ehrismann in seinem Glück sieht, «tanzend auf einem Geländer an der Limmat, / tanzend auf dem Pfosten eines Dampfbootsteges, / tanzend auf dem Dach des Bellevue-Kioskes [...] auf dem First der Wasserkirche». Dann steht er im hellen Regenmantel an der Balustrade auf einem Turm des Großmünsters. In seiner winkenden Hand steckt sein Flugschein. Damit grüßt er zum letzten Mal die abendliche Stadt unter ihm. «Ich war so frei wie noch nie», sagt er. So frei kann in der «Vaterstadt» nur einer sein, der totgeschrieben ist, der da nichts mehr erwartet. Man sieht ihn am Schluss auf der leeren nächtlichen Straße verschwinden. Der Tanz ist schon wieder aus. Auch der Filmheld wird also in einer ungelösten Situation zurückgelassen.

Seine vielbeschworene Freiheitsutopie wollte Frisch auch hier nicht zur letzten dauerhaften Verwirklichung gelangen lassen. Es ist, als würde er sich mit seinen Figuren ständig selber widerlegen. Trotz aller Bemühung steckt jeder in seiner Biographie fest. Stiller geht es so, und letztlich auch Mattia Pascal. Am Schluss vegetieren sie dahin, als Opfer ihrer Anstrengungen. Es bleibt beiden nur das Schreiben von der Verwandlung – als geformter Traum.

Leute, die abhauen, weil sie ihre Welt nicht mehr aushalten, gehören seit je zur Geschichte ebendieser Welt und damit auch der Literatur. Frischs Kernthema wurde von Pirandello einleuchtend dargestellt; möglicherweise griff der Schweizer mit einigen seiner Plots bewusst auf den Sizilianer zurück. Ob er dessen Romane überhaupt gelesen hat, weiß man indessen nicht. Vielleicht hat er nur davon gehört, darüber gelesen. Stiller jedenfalls hebt hervor, wir würden in einem «Zeitalter der Reproduktion» leben. Es sei ja wahr, man müsse «Herrschaften» wie Proust, Jünger, Mark Twain, Hemingway, Bernanos, Kafka nicht gelesen haben, man habe sie «in sich», schon durch Zeitungen und Bekannte. Dass Stoffe weitergetrieben, transformiert werden, gehört zum Einmaleins der Literaturgeschichte.

Allenthalben findet legitime Befruchtung von Autoren durch Autoren statt. Shakespeare hat kaum eine seiner Dramenhandlungen selber erfunden. Nur mit der Tradition im Rücken wollte er frei gestalten. Wie etwa Gottfried Keller sogar im Titel auf Shakespeare hinweist, wenn er die Geschichte zweier verfeindeter Väter und das Unglück von deren Kindern erzählt: *Romeo und Julia auf dem Dorfe*. Jean Paul hat Laurence Sterne weitergetrieben, Dürrenmatt Bertolt Brecht. *Ein Engel kommt nach Babylon* liest sich als wunderbare Neuschreibung des Stücks *Der gute Mensch von Sezuan*. Vergleicht man Pirandellos Erstlingsroman *Mattia Pascal* und *Stiller,* fällt auf, um wie viel gebrochener und perspektivenreicher die Erzähltechnik des Jüngeren ausfällt. Mit diesem Werk avancierte Frisch zum Weltautor; vielleicht konnte er nur auf dem Rücken von Pirandello so großartig weitertanzen.

5. Erfahrung als Experiment: der *Gantenbein*-Roman

Ein artistisches Buch, eins aber auch, das mitten aus der gelebten Erfahrung kommt. Diese Mitte ist nicht harmonisch rund, sondern von Zwiespalt gezeichnet, zusammengehalten durch Widerspruch. Von da aus agieren Erzähllust und blanker Witz, aber auch Trauer und bittere Einsicht. Der Autor ist dreiundfünfzig und erreicht mit dem Roman *Mein Name sei Gantenbein* eine neue Souveränität.

Die Einbildungskraft stellt sich in den Dienst einer raffinierten Konstruktion, darf sich jedoch – anders als im kargeren Spätwerk – reich entfalten und in vielen Spiegeln brechen. Es ist ein Buch, in dem der Liebesdiskurs des Frischschen Universums (*Stiller, Don Juan oder Die Liebe zur Geometrie, Montauk, Blaubart*) in allen Abschattierungen spielt. Formal hält es das Gleichgewicht zwischen den traditioneller gebauten früheren Romanen und den Collagen der Tagebücher. Zwar stellt jedes Einzelwerk bei Frisch eine neue, überlegte Komposition dar, aber es ist auch viel stärker, als es den Anschein hat, im Gesamten verstrebt. Achtet man darauf genauer, zeigen sich überall Spiegelungen, eigentliche Konfigurationen, über die Werkgrenzen hinweg: Walter Faber *(Homo faber)* setzt zu Anatol Ludwig Stiller einen Kontrapunkt. Gantenbein, der glauben macht, er sei blind, kontrastiert als großer Spieler wiederum mit beiden Vorgängern. Enderlin, eine zweite Schlüsselfigur aus *Mein Name sei Gantenbein,* taucht später wieder auf als der angebliche Blaubart Felix Schaad. Nicht weniger aber erinnert er an Don Juan, so wie er im Stück *Don Juan oder Die Liebe zur Geometrie* vorgestellt wird. Der Autor erweist sich stets als der planende Architekt am Gebäude seines Gesamtwerks.

Das Erzählprinzip des *Gantenbein*-Romans erweckt den Anschein unbekümmerter Leichtigkeit. Von Beliebigkeit kann trotzdem keine Rede sein. «Ich probiere Geschichten an wie Kleider», «ich stelle mir vor»: Die bekannten repetitiven Sätze des Romans haben sich seit seinem Erscheinen 1964 immer mehr aus dem Kontext gelöst. Sie weisen zwar die richtige Spur, doch, zu Formeln geronnen, können sie den produktiven Leseblick auch verstellen. Man vermutet dann in der Montage von Geschichten und Gegengeschichten, von Figuren und Gegenfiguren, von ineinandergleitenden Örtlichkeiten und Zeiten ein bloßes Literatenspiel.

Es geht um weit mehr. Nicht zuletzt ums Geschichtenerzählen als Akt und damit um eine Philosophie des Schreibens. «Das Thema dieser Geschichte ist ‹die Geschichte›, sind ‹die Geschichten›», hat Werner Weber in seiner ersten Besprechung gesagt. Da hatte er recht. Der Ich-Erzähler erörtert mit seinen Geschichten immer auch seine Existenz als Schriftsteller. Darüber hinaus stellt er die grundsätzliche Frage nach der Darstellbarkeit des eigenen Lebens: «Ein Erzähler probt Geschichten durch, um die eine Geschichte zu finden, die zu ihm gehört, die umschließt, was er erfahren hat», so Weber. Freilich muss man rasch hinzufügen, der Erzähler wehre sich heftig dagegen, dass es nur *eine* Geschichte gebe, die zu ihm passe. Gantenbeins Wahrheit hat viele Gesichter.

Das Durchspielen unterschiedlicher Realitäten erkundet die breitgefächerten Möglichkeiten nicht nur der Literatur, sondern auch der menschlichen Existenz. Die Figuren im *Gantenbein* werden von überlegt gesetzten, oft gezielt konträren Positionen aus ins Lebendige entwickelt. Sie werden Individuen und bleiben trotzdem von künstlerischen Regeln abhängig. Ob einer wie Enderlin nach der ersten Liebesnacht mit Lila an Ort bleibt oder nach Hamburg fliegt: Vom Konzept her ist beides denkbar. Die Figuren verfügen über einen weiten Spielraum, bewegen sich aber dennoch innerhalb der Grenzen, die ihnen die Exposition setzt.

Experimentelle Literatur neigt oft zu Kunstgriffen um ihrer selbst willen, nicht aber dieser Roman. Hier ist literarisches Experimentieren mehr als bloße Artistik; zwischen Erfindung und Leben öffnet sich keine Kluft. «Die meisten Sachen, die ich gemacht habe, sind verbunden mit einer eigenen Betroffenheit», bemerkte Frisch 1982 gesprächsweise. Das schließt Beliebigkeit aus. Nicht einmal das Experiment ist frei wählbar. Auch die Form wird dem Schreibenden auferlegt. Daraus kann sich ein Dilemma ergeben.

Wie findet der Autor im *Gantenbein* den Weg zum Erzählen und zeigt doch auch im Finden noch das Suchen, das Experiment? Da das Faktische in jedem Fall nur im Rückblick als solches erscheint, wenn es von einem Ich, Er oder sonst einem Erlebnisträger gedeutet, eben als Tatsache festgelegt wird, sucht Frisch als Erzähler den Moment, wo seine Figuren noch Entwurf sind. Er liebt die Phase der Freiheit, bevor er entscheidet, wohin eine Geschichte läuft und dann eben auch laufen muss. Dem Schreibenden ist es vergönnt, einen solchen Vorraum zu erkunden, ihn auszumessen und als schöpferischen Ort zu genießen. Er stellt sich Figuren vor und umgibt sie mit der Aura des Offenen. Er stattet sie mit vielerlei Optionen aus und lässt sie glauben, sie hätten eine Wahl. Er legt die verschiedensten Handlungsfäden aus, als Möglichkeiten seines Erzählens, Möglichkeiten des Lebens seiner Protagonisten, dann wählt er oder verschiebt oder kappt. Eine fortlaufende Story wird so ständig sabotiert. Dadurch wird auch eine Inhaltsangabe unmöglich. Der Plot des Buches besteht im Fehlen eines zusammenhängenden Plots.

Es bleiben immerhin Anhaltspunkte: Drei Männer stehen in Beziehung zu einer Frau: der Schauspielerin Lila. Anders etwa als

Sibylle im *Stiller* ist diese zentrale weibliche Gestalt ausschließlich aus der Sicht ihrer Männer gedacht. Sie wird sogar bis zu einem gewissen Grad der Willkür des Autors preisgegeben: «Ihr Name sei Lila», stellt er fest. Sie tritt auch einmal als italienische Contessa auf, dann wieder als Medizinerin oder Hausfrau. Auch die Männer üben Rollen, Geschichten eben, die sie anprobieren wie Kleider. Die Rollenträger erhalten Namen: Theo Gantenbein, Felix Enderlin, Frantisek Svoboda. Der Letztere, Architekt Svoboda, der betrogene Ehemann, bleibt rätselhaft, ist scheinbar die unerheblichste Figur unter den dreien. Immerhin gleicht seine Biographie auffällig der seines Autors, und es wird ihm am Schluss gar eine Zukunft, ein neuer Lebenshunger zugedacht. Enderlin hingegen markiert den zweiflerischen Intellektuellen. Er ist der Akademiker mit dem Ruf nach Harvard, der Verführer und Liebhaber der verheirateten Lila. Gantenbein ist der angebliche Blinde, der seine Blindheit in den verschiedensten Situationen vortäuscht. Er ist Hausmann und gerät zur wichtigsten Spielfigur des Romans. Er gleicht dem Don Juan aus dem Stück von 1953. Beide erfüllen nach außen hin fremde Erwartungen, aber nur um sich innerlich von den ihnen zugedachten Rollen distanzieren zu können. Jeder sprengt auf seine Weise das Bild, das er darzustellen hat – komme das Muster dazu nun aus der abendländischen Überlieferung oder aus den Konventionen der besseren Gesellschaft im Zürich der fünfziger und sechziger Jahre.

Gantenbein allein kommt für die Rolle eines Ehemanns ernsthaft in Frage. Denn, so die Hauptthese, eine Ehe hält nur, wenn man die Lügen des andern übersieht oder angeblich gar nicht sehen kann. Damit wird er zum Protagonisten dieses Eheromans und darf, konsequenter als die andern, als ein «Ich» reden.

Dem «blinden» Gantenbein, der zu Hause die Blumen «büschelt», steht seine erfolgreiche und finanziell unabhängige Frau Lila gegenüber. Doch nur wenn sie nicht da ist, kann er beim

Blumenarrangieren «die lodernden [...] Farben dieser Welt genießen». Er betrüge sie mit jeder Blume, die er sehe, meint er. Sie betrügt ihn auch, nicht nur mit Blumen, aber etwas Ernstes ist das nie. Das Paar ist für eine Weile glücklich, weil beide des andern Schwächen nicht zur Kenntnis nehmen müssen. Frisch findet dafür eine Formel: «Erst das Geheimnis, das ein Mann und ein Weib voreinander hüten, macht sie zum Paar.» Ein maliziöses Ehekonzept! Gleichzeitig liegt hier eine eigentliche Eheutopie vor. In diesem Roman künden all die Kürzestgeschichten, die zahllosen Mikrostudien von der Kompetenz des Autors in Sachen Zusammenleben der Geschlechter.

Lila hat – «wie jede Frau von Geist» – ihre «Zusammenbrüche», erzählt Gantenbein. Er aber reagiere nicht schuldbewusst, auch wenn sie schweige und «immer lauter» schweige, lasse also keinen Konflikt anlaufen. Sein Rezept ist vielmehr: Er sieht ihre Verstimmung einfach nicht, die sonst jeden, der sehen kann, hilflos macht. Vielmehr plaudert er jeweils munter über ihr Verstummen hinweg. Wenn Lila aber, von Gantenbeins Blindheit gezwungen, ausspricht, dass sie verstimmt ist und warum, dann ist bereits ein Gespräch in Gang gekommen, das die drohende Krise löst.

Frisch nimmt die Lila-Figur nicht in Schutz, das hat sie nicht nötig. Trotzdem bringt er seine scharfen kleinen Attacken an.

Gantenbein definiert sich als männliche Hilfskonstruktion für die emanzipierte Frau, indem er Abhängigkeit mimt. Diese Umkehrung der üblichen Situation ermöglicht eine schillernde Interpretation des Geschlechterverhältnisses innerhalb einer gehobenen Schicht – und damit auch eine brillante Gesellschafts- *und* Geschlechtersatire. Der tragende Einfall besteht darin, dass die Rollenmuster vertauscht werden. Ein besonders raffiniertes Beispiel ist die Art, wie Gantenbein sich von Lila aushalten lässt. Sie muss, weil er blind ist, ganz selbstverständlich alle finanziellen Dinge für ihn erledigen, also das tun, was nach den herkömmlichen Regeln in der Öffentlichkeit immer der Mann macht. Damit neutralisiert er einen Konfliktherd, denn es gebe, meint er, kaum ein Paar, das nicht eines Tages entdecke, «dass die Geldfrage zwischen Mann und Frau nie gelöst worden ist», worüber es zu Verletzungen komme. Und wieder entsteht eine aufschlussreiche Szene, diesmal in einem Restaurant. Wenn der Kellner die Rechnung bringt, sieht Gantenbein das sehr genau, und er müsste jetzt eigentlich zur Brieftasche greifen. Da er aber den Blinden spielt, kann er sich verhalten, wie es sonst eine diskrete Frau tut, die den Vorgang des Bezahlens ignoriert und weiter plaudert. So redet er nun eben frei drauflos, während Lila schweigend die Sache regelt. Sie sprechen von Lilas Kindheit, und als der Kellner mit dem Wechselgeld kommt, wird das Gespräch nicht unterbrochen. Nur bestellt Gantenbein jetzt noch eine Zigarre. Er raucht und hört vergnügt ihre Erinnerungen, während sie gleichzeitig den Kellner nochmals bezahlen muss, was Gantenbein angeblich gar nicht bemerkt. Er kann die Unterhaltung auf entspannteste Weise laufenlassen, das Geld wird nie zum Thema. Auch wenn sie später aus dem Taxi steigen, bleibt er geduldig stehen und wartet, bis sie die Fahrt beglichen hat und seinen Arm nimmt. Die unkonventionelle Arbeitsteilung ist so für beide die natürlichste Sache der Welt.

Der Rollentausch wird, wie alle Szenen des Romans, später hinterfragt – und damit werden auch wieder die Normen der Frauenemanzipation in Zweifel gezogen. «Ich ändere nochmals», heißt es. Lila ist keine ehrgeizige Schauspielerin mehr und keine untüchtige Contessa. Sie liest gern, sei gesund, «sogar kräftig, dabei zierlich, so dass man gern eine zärtliche Angst um sie hat; eine frühe Tuberkulose ist ausgeheilt, eine Erinnerung, die sie nur selten benutzt, um Schonung zu fordern, nur im Notfall». Stillers lungenkranke Julika taucht unverhofft als Lila auf. Sie ist genesen und huscht im *Gantenbein* vorbei als Frau, der es genügt, Frau zu sein. Ein Idealbild? Jedenfalls sieht sie Gantenbein auch nicht als Hausfrau. Er rühmt sie für ihre Selbständigkeit, mit Untertönen allerdings. Sie lasse sich von den Männern nicht einreden, «dass die Frau gerade für jene Arbeiten, die den Männern selber zu langweilig sind, eine angeborene Begabung haben müsse». Sie sei eine Frau, aber kein Untertan, also durchaus eine Frau von heute, «eine großartige Frau, finde ich, eine der ersten Frauen dieses Jahrhunderts, die sich selbst ohne Getue eingesteht, dass es sie zur Ausübung eines Berufs eigentlich überhaupt nicht drängt».

Das ist nun genau um jene Nuance überzogen, dass aus dem Lob wieder eine Spitze wird. Ohne winzige Hiebe und Stiche geht's bei Frisch auf die Dauer nie ab. Alle Frauen müssen bei ihm von Zeit zu Zeit einstecken.

So werden die Geschichten in diesem dialektischen Epos ständig gebrochen. Jede Darstellung bekommt eine Gegendarstellung. Da aber alles immer konkret bleibt und geradezu süffig erzählt ist, wird das Buch zu einem ungemeinen Lesevergnügen. Der Autor greift dabei zu einem Trick. Er unterläuft das Dogma der Nachkriegsmoderne, das da lautet, man könne nicht mehr erzählen, vor allem keine runden schönen Geschichten. Er gesellt seinen Erzählern manchmal Zuhörer bei, welche erpicht sind auf spannende Storys – die erst noch wahr sein müssen. Im *Gantenbein* ist das die Prostituierte Camilla, genannt «Camilla Huber, Manicure», im *Stiller* der Gefängniswärter Knobel. Ihnen lassen sich die verrücktesten Dinge als wahr verkaufen. Nicht zuletzt der Leser mit literarischem Anspruch zieht Gewinn daraus – er bekommt Lesefutter und liest doch nicht unter seinem Niveau.

Prallen Gehalt finden wir vor, aber eben keinen romanhaften Inhalt im üblichen Sinn. Es verhält sich mit *Gantenbein* so, wie Helmut Heißenbüttel schon 1958 festgestellt hat: Frisch gehöre zwar zur mittleren Generation der Moderne, doch sei sein Werk «doppelgesichtig». Selbst wenn es einem den Boden unter den

Füßen wegziehe, könne man es auch «traditionell» begreifen. Schauen wir also nochmals genauer hin!

Dieser Roman lebt aus dem Zwiespalt. Alles verlangt das Mitdenken seines Gegenteils. So in sich kontrovers, so wenig linear wird da erzählt. Der Autor breitet – scheinbar zur Wahl der Leser – verschiedene Ausgangslagen aus. So den (möglichen, wahrscheinlichen?) Tod Enderlins. Dieser werfe dem Ich-Erzähler «Vorstellungen zurück wie Plunder». Tote sind endlich geschichtenlos («Er braucht keine Geschichten mehr wie Kleider»). Denn Enderlin, der über den Verführergott Hermes gearbeitet hat und selber als Verführer auftritt, ist zu einer Geschichtenträchtigkeit gelangt, die er selbst nicht mehr aushält. Geschichten müssen gar nicht sein. Auch Liebesgeschichten nicht. Sie könnten unterbleiben. Dahinter ist Tragik verborgen.

Abrupt werden weitere Ausgangssituationen angeboten. Ein Mann sitzt in seiner verlassenen Wohnung. Die Fensterläden sind geschlossen, Nacht und Tag und Jahreszeiten ausgesperrt. Eben hat hier noch ein Paar gelebt: der Ich-Erzähler und eine Frau. In den hallenden Räumen mit den aufgerollten Teppichen fühlt sich der Mann wie in der Totenstadt Pompeji. Reste einer Mahlzeit – Schimmel auf dem samtroten Wein, ziegelhartes Brot – kommen ihm vor wie die «Wegzehrung für eine Mumie». Eine Beziehung ist abgestorben, eine Geschichte zu Ende. Trennung war das einzige Gebot – gemäß Max Frisch. Denn etwas war verletzt worden, was das Zentrum seiner dichterischen Imagination ausmacht: die Liebe.

Welche Liebe? Die radikale Liebe der ersten, fast noch unwillkürlichen Begegnung, die Liebe bis zur Selbstvergessenheit. Es ist die Liebe, welche die Wunde der Existenz – für Frisch «die Wunde des Geschlechts» – vorübergehend schließt und für die Länge eines zeitlosen Augenblicks heilsam wird. Dieses Liebesverständnis reicht in religiöse Dimensionen, gleicht einer Gotteserfahrung. In einer solchen Umarmung, da und nur da, ist der

Mensch mit dem schöpferischen Ursprung, dem göttlichen Wirken verbunden. In allen denkbaren Weisen werden diese Urszene und der Verrat daran vorgeführt.

Ein karnevalistisch angehauchtes Präludium deutet zu Beginn des Romans das Hauptanliegen an. Ein Patient flieht nackt aus dem Spital, hinaus in die kalte Zürcher Luft. Er geht nicht einfach ohne Kleider, sondern ohne Verkleidung, und damit ohne Geschichten, die ihn definieren. Vorher hat er darauf bestanden, er sei Adam und die lettische Krankenschwester sei Eva. Doch die Urbegegnung, die sozusagen aus dem Traum kam, ist kläglich falliert. Der Nachtarzt hat den Traum zerstört, indem er den, der Adam sein wollte, mit seinem wahren Namen anspricht, «freundlich. Aber von diesem Augenblick an ist's aus. Rettungslos». Adam flieht, schleudert dem «Weißen» ins Gesicht: «Sie sind der Teufel.» *Stiller* ist plötzlich ganz nah. Der Nackte gelangt bis zum Opernhaus, wo er aus dem Fundus einen Königsmantel stiehlt. Er sucht eine würdige, wenn auch hochstaplerische Verkleidung. Als man ihn eingefangen hat, wird ihm schon beim Kreuzplatz klar, dass er in der psychiatrischen Klinik Burghölzli landen wird. So verläuft das fastnächtliche Vorspiel.

Die im Rückblick geschilderte Nacht mit Lila bildet das Herzstück einer weit angelegten Exposition. Alles andere ist Auswirkung, tödliche Zeit. Doch ein grundsätzlicher Zweifel bleibt. Sogar die Liebesbegegnung wird als nicht notwendig hingestellt. «Die meisten Liebesgeschichten müssten durchaus nicht sein, glaube ich.» Erst im Nachhinein erreichen sie Unausweichlichkeit und damit den Anschein der Notwendigkeit. Ein Paradox, schwer erträglich. Allenthalben wird es bei Frisch abgehandelt. Auch in den Theaterstücken von *Santa Cruz* über *Don Juan oder die Liebe zur Geometrie* bis zum *Triptychon.*

Die exemplarische Liebesbegegnung im *Gantenbein* trägt alle Zeichen des Uranfänglichen, und ist doch ganz ins gewöhnlich Alltägliche eingelassen. Eine Frau mit regennassem schwarzen

Haar kommt in eine Bar, wo ein Mann auf deren Gatten wartet. Sie teilt dem Unbekannten mit, ihr Mann sei verhindert. Der Wartende (Enderlin wahrscheinlich) ist entschlossen, sich nicht zu verlieben. Er habe zu arbeiten. «Es» aber geschieht ihm: Verzauberung. Er spricht von sich als dem «fremden Herrn», der, ohne es zu wollen, ihren Arm fasst. Ohne dass er es will, kommt es zur Umarmung. Doch diese ist erst danach – als Geschichte also – mitteilbar und für den Leser fasslich. Der absolute Augenblick wirft seine Strahlen hinein in die Banalität dessen, der sich erinnert und davon berichtet: Worte waren belanglos, Hände wurden zärtlich ohne Absicht, und es war Nacht. Am Morgen flüchtet der Mann, um die Liebe im unausweichlichen Alltag nicht zu verraten. Jede Minute, die ihn von der Nacht entfernt, bringt aber doch einen Treuebruch. Der Mann ist weggeschleudert aus der Mitte des Seins – und er begrüßt den Zustand: Er sei endlich allein, könne Zeitung lesen, schließlich gebe es eine Welt. Ordnung herrscht wieder vor, Übersichtlichkeit. Das andere aber war ununterscheidbares Nu, Chaos, gestaltlose Erfülltheit. Frisch schildert *das* Erlebnis ambivalent. Der völlige Selbstverlust im mystischen Augenblick der ersten körperlichen Vereinigung zwingt zum Verrat, verlangt ihn geradezu, wenn der in einen Schöpfungsakt Eingeschmolzene zu sich zurückkommen will, das heißt, sich in der Welt oder sich und die Welt wiedererkennen will. Aber nicht nur die Flucht bedeutet Verrat, auch die Wiederholung des Ewigkeitsaugenblicks wäre es.

Frisch, der Anhänger der Moderne, erweist sich hier als später, sehr weltlicher Jünger der Minnemystiker, als ein Nachfahre Gottfrieds von Straßburg. Mit dem Unterschied, dass der heutige Minnesänger fast nur Geschichten des Verrats dichten darf: Alibiübungen, groteske Veranstaltungen, die die Leute als ihre Geschichten akzeptieren und die sie auch als Liebesgeschichten ausgeben. In der Unmöglichkeit, Liebe auszudehnen und von Tag zu Tag zu leben, liegt der tragische Kern des Schreibens von

Max Frisch. Er nimmt dabei immer wieder den Mann ins Visier, lässt ihn schuldig werden, weil er zu seiner Ordnung, seiner «Geometrie» zurückkehren muss.

Bei diesem Schriftsteller gerät jede Ehegeschichte zu einem Bericht über Treulosigkeit. «Das wilde Gefühl für das andere, das süße, das heißt, das maßlose Gefühl» könne nicht erhalten bleiben. Es weiche einer «tödlichen Kameraderie», wird im *Gantenbein* gesagt. Der den Blinden spielt, versucht jedoch die Ehe trotz allem. Aber die Utopie verliert sogar in diesem Spiel. Eifersucht nämlich tritt an die Stelle der Liebe – Eifersucht, eine Frisch'sche Besessenheit, sein katastrophalstes Schicksal. Die Schuld liegt nicht etwa an Lila, der Frau. Die Frauen sind bei diesem Autor ungebrochner in ihrer Welt als die Männer.

Der *Gantenbein*-Roman ist ein himmelschreiend trauriges Buch und bleibt doch eine große Komödie. Er versucht eine Balance zwischen innen und außen. Innen leben Augenblickserfüllung, Liebe, Traum. Gantenbein, der Gambler, glaubt eine Weile, er könne den Zugang dorthin aufrechterhalten. Erzwingen durch seine gelebte Fiktion. Er tritt wie der schreibende Frisch an gegen das, was von außen droht: Fremdheit, Verbannung, Anpassungsdruck. Die vielen Geschichten, die sich aus der Unvereinbarkeit zwischen innen und außen nähren, helfen zwar nicht über den großen Zwiespalt hinweg, überspielen ihn aber – wenigstens in der Erscheinungsform der Kunst.

6. Wer Heimat sagt, nimmt mehr auf sich: die Auseinandersetzung mit der Schweiz

Welche Geschichte, die Geschichte von Max Frisch und seiner Schweiz! Welch ein Drama! In der zeitgenössischen deutschsprachigen Literatur ist es allenfalls vergleichbar mit den Dramen zwischen Heinrich Böll oder Günter Grass und der Bundesrepublik Deutschland, dem Drama zwischen Wolf Biermann oder Heiner Müller und der ehemaligen DDR, dem Drama zwischen Thomas Bernhard oder Elfriede Jelinek und Österreich. So szenenreich wie bei Frisch ist es nirgends. Der Verlauf ist in einem starken Band, herausgegeben von Walter Obschlager, dokumentiert. Da sind alle Zeugnisse einer lebenslangen Liebes- und Leidensgeschichte versammelt: *Schweiz als Heimat? Versuche über 50 Jahre* (1990). Heimat mit Fragezeichen!

‹Die Schweiz als Heimat?› lautet zugleich der Titel des Kernstücks, der Rede zur Verleihung des Großen Preises der Schweizerischen Schillerstiftung von 1974. Dieser Preis ist die bedeutendste literarische Ehrung, welche die Schweiz zu vergeben hat. Max Frisch hielt damals im Schauspielhaus Zürich eine Ansprache, die wie in einem Brennspiegel die Probleme des Dichters mit der Schweiz konzentrierte und zugleich aufschlüsselte.

Er hat sich mit einer Intensität, einer Energie um das Land bemüht, die nur noch mit der Schweiz-Reflexion von Gottfried Keller vergleichbar ist. Wenn aber in Kellers Republik *und* in Kellers Dichtung bis in die 1860er Jahre noch Aufbruchstimmung herrscht und erst der alternde Dichter eine skeptische Stimme erhebt, so beginnt schon der junge Frisch zu warnen: vor starrem Glauben an den bloßen Bestand, vor Unbeweglichkeit, Phantasielosigkeit, Mangel an Utopie.

Es geht hier allerdings nicht in erster Linie um die Schweiz, sondern um das Drama von Max Frisch mit der Schweiz. Der eigentliche Akteur ist der Schriftsteller in einer sich entwickelnden Beziehung, deren Komplexität letztlich nur in seiner eigenen Geschichte und Komplexität begründet sein kann. Eine heftige Geschichte voller Entwürfe und Gegenentwürfe wird fassbar, voller Szenen und Gegenszenen. Wir werden Zeugen unermüdlicher Revisionen erreichter Standpunkte.

Die Geschichte von Max Frisch und der Schweiz ist ein Liebesdrama. Bis ins innerste schöpferische Zentrum geht die Beziehung des Dichters zu seinem Land. Es ist dasselbe schöpferische Zentrum, aus dem auch, wie er einmal sagte, die «Figuren meiner Erfindung» entstehen. Zwischen seinen Stellungnahmen, den Erfindungen im Hinblick auf die Schweiz, und seinen Dichtungen können wir nicht streng trennen.

Exposition *und* springender Punkt zugleich sind in diesem Drama die *Blätter aus dem Brotsack* von 1939. Diese Aufzeichnungen – mit Brotsack ist der Proviantbeutel gemeint, der zur Ausrüstung jedes Soldaten gehört – sind in einer strengen und doch leichten, fast serenen Kunstform gehalten, einer Form, die Max Frisch auch später pflegt und hier erstmals entwickelt hat. Es handelt sich um ein Tagebuch, in dem das autobiographische Ich als Modell eingesetzt ist; es spricht jedoch nie privat und intim von sich selbst. Das schmale Werk entsteht aus einer Situation, die dem Autor das Vaterland, die zu verteidigende Schweiz um 1939, auferlegt: Generalmobilmachung und Militärdienst als Kanonier. Es erscheint unter dem Titel ‹Aus dem Taschenbuch eines Soldaten› erstmals in der Zeitschrift *Atlantis* (Heft 11, 1939), 1940 dann als Buch unter dem Titel *Blätter aus dem Brotsack*.

Der Achtundzwanzigjährige hatte kurz zuvor mit einer schweifenden Existenz gebrochen. Literatur studierend, lesend, reisend, schriftstellernd, so hatte er sein Leben einige Jahre lang gestaltet; 1939 bezeichnet er es als «Jugendtraum». Dann, 1936, entschloss er sich zu einer «männlichen Tat», zum Architekturstudium und zu einer bürgerlichen Laufbahn. Beigen von Manuskripten soll er auf dem Zürichberg verbrannt haben.

Das Ich der *Blätter* sieht sich in die Fremde verbannt. Das Leben teilt er nicht mit Gleichgesinnten. Der Kommentar: «Früher, kein Zweifel, hätte es mich ordentlich umgeworfen, vielleicht noch vor kurzem: weil man die Welt nur als Wohlklang wollte, nur als Wohlklang bejahte.» Jetzt ermahnt er sich: «Keine Ausflucht ins Schöne [...]» Wirklichkeit ist nicht wählbar. Sie wird diktiert von der Heimat.

Aber auch von bürgerlichem Ziel und Willen entbindet ihn der Militärdienst. Dieser wird literarisch fruchtbar, ohne dass Frisch eine neue Literaturproduktion beabsichtigt hätte. Sein Hauptmann war es, der ihn dazu aufforderte, Eindrücke vom Grenzdienst zu notieren. Das Militärtagebuch entsteht sozusagen auf Befehl.

Die neue Situation wird literarisch ergiebig, weil sie dem Autor zu sich selber verhilft. Die *Blätter aus dem Brotsack* sind ein einziger Beweis der Freiheit, die wirksam wird, wenn der zweckgerichtete Wille aufgegeben wird. Die Ereignislosigkeit, das Warten, die Muße – Glück und Trauma der schweizerischen drôle de guerre, nicht nur im Ersten, sondern auch in jenen Jahren des Zweiten Weltkriegs – ermöglichen das, was Jean-Paul Sartre in *Situationen* «Leere» genannt hat, die «Freiheit der Indifferenz». Sie fördern das, was ebenfalls Sartre – für Frisch ist er wichtig – im Aufsatz *Was ist Literatur?* als eine Bedingung des Dichtens bezeichnet: einen «verschwiegenen Kontakt zu den Dingen» zu finden, die der Dichter vorerst «nicht an ihrem Namen erkennt». Man muss sich der Welt und den Wörtern aus einem «Zustand der Wildheit» nähern. Für Sartre ist das ein Zustand fruchtbarer Naivität. Die Tessiner Landschaft erlebt der Kanonier während der Wache, in der Nacht, im Morgengrauen, denn auch als ursprüngliche Umgebung. Ein neuer ernster Umgang mit Wörtern und Wortbildern ergibt sich fast von allein. Frischs Sprache erhält in diesen Monaten eine eigene Leuchtkraft. Sartre sieht sie als Voraussetzung des Dichtens: Diese «eigentümliche Beziehung zu Erde, Himmel, Wasser und zu allen geschaffenen Dingen [...]» Und er erklärt, «das Wortbild, das der Dichter für Weide oder Esche wählt, muss nicht unbedingt das Wort sein, mit dem wir diese Objekte bezeichnen».

So geraten in Frischs Tagebuch «mondweiße Kiesbänke» am Fluss, «rabenschwarze Kastanien», die «unsagbar heitere Bläue» des herbstlichen Himmels zu Signaturen der eigenen Befindlichkeit. Wort-Bilder entstehen, werden ihm Heimat. In dieser Atmosphäre von Gefahr, von seelischer Schutzlosigkeit formiert sich das Drahtseil über einer Schlucht plötzlich zur Chiffre des Daseins. Die weltgeschichtlichen Ereignisse kann man sich nur vorstellen. Man diskutiert darüber als über etwas Fremdes, an dem man nur indirekt beteiligt ist. Hitler, die Russen, Macht und Recht in Europa – es sind Gegebenheiten, die abstrakt bleiben, Medienthemen, Gerede. Als Soldat in einem abgelegenen Tal bleibt ihm die Geschichte schemenhaft, konkret aber sind Dinge wie das Drahtseil, an welchem man Holzbündel ins Tal sausen lässt. Er fasst es ins Auge, sieht, wie gelegentlich ein Bündel weit oben hängen bleibt, so dass man es mit dem Stoß eines zweiten lösen muss. «Einmal, als ich gerade schaue, stürzen beide ins Tal hinunter, vollkommen lautlos – und das Seil hängt wieder leer und unsichtbar über der Schlucht.»

Es heißt zwar, England und Frankreich hätten Deutschland nach dem Angriff auf Polen den Krieg erklärt, doch der ist immer noch weit weg. Es gibt nur kollektive Unsicherheit. Immerhin herrscht, wie Frisch sagt, «die Zeit der unbewachten Seele», und in dieser Zeit findet er zu sich und zu seiner Sprache. Weniger die zivile Funktionstüchtigkeit, die er sich vorgenommen hatte, bewirkt diese Initiation, als vielmehr der merkwürdige Zwischenzustand, die Ereignislosigkeit, diese «Stahlgewitter» à la Suisse. Ein bestimmtes existentielles Lebensgefühl und eine geschichtliche Situation sind hier zusammengekommen. In der Absenz des bürgerlichen Alltags («Abwesenheit schafft Erkenntnis») ist er sich zum exemplarischen Beobachter geworden, erst jetzt kann er – «königlich allein» – sich der eigensten Erfahrung aussetzen und diese Erfahrung verwandeln in Sprache.

Da beobachte man das Fallen der Herbstblätter, während anderswo andere liegen, «das Gesicht in den Dreck gepresst, wartend, ob es auch sie zerfetzt oder nicht». Er absolviert die täglichen, die endlosen Rituale des Militärdienstes: «Rechtsum und linksum. Laden und entladen.» Aber dazwischen geht der Blick in die Welt rundum. Am Fluss, wo er sich aufstellen muss, sieht er die Fische unter dem ziehenden Wasser stehen, «wie unter einem grünen Glas». Er sitzt an den Geschützen, muss sie einstellen, richten und drehen, darf nicht aufschauen, und doch sieht er, wie die Blätter niederschaukeln, «gelb und rot, auch schon violett, Fetzen eines unsäglichen Leuchtens». Dabei weiß er, dass andere jetzt ins Maschinengewehrfeuer laufen müssen, gegen fahrende Tanks, dass sie in den Drahtverhauen hängen. Er kommt über diesen Gegensatz zwischen seiner Gegenwart und der gleichzeitigen Kriegswirklichkeit schwer hinweg, schämt sich seiner Blicke in die herbstliche Natur. «Man denkt: Nur keine Ausflucht ins Schöne. Was aber nützt es all jenen, wenn wir dasitzen, den Himmel und den Feldweibel in die Hölle fluchen – nur weil unsere Suppe nicht mehr heiß ist?»

Das Leiden an Wirkungslosigkeit und Tatenlosigkeit hat mit der neutralen Schweiz zu tun, ihrem Zwang und ihrer Leistung, sich von der «wirklichen» Geschichte fernzuhalten. Die «Zeit der unbewachten Seele» schärft aber auch die Sinne, fördert die direkte Berührung mit dem Leben. Und das Gefühl der allgemeinen Bedrohung hält trotz Neutralität das Bewusstsein des Todes wach.

In dieser Zeit stößt der Autor auf radikale Fragen, die sein bisheriges Denken verwandeln. Immer hat er sich in den vergangenen Jahren nach den großen Änderungen gesehnt, «nach Wandlung des Lebens», hat gemeint, er müsse es aus sich selbst heraus leisten. Jetzt beginnt er zu ahnen, dass sie «von anderer Seite» kommen könnten. Dass es der unvorbereitete Schrecken sein könnte, der ihn weiterbringt. Wie gleichgültig war ihm der Friede, solange er einfach da war! Jetzt, durch den Krieg, begreift er ihn. «Ohne die Finsternis der Nacht, wie knieten wir vor der Sonne? Ohne das Grauen vor dem Tode, wie begriffen wir jemals das Dasein?»

Max Frisch war vor dieser Zeit ein Leser, ein faszinierter Leser von Nietzsche, von Bergson und Kierkegaard. Was nur gelesen war, wird jetzt erfahren. Das Vaterland, das verteidigt werden will, bringt ihn zu dieser Erfahrung. Durch diese Notwendigkeit lernt er sich, das heißt sein Leben, das Leben als Ich, «vor den Tod zu bringen». So widerfährt ihm existentialistisches Grundgefühl. Unruhe, élan vital: Solches gehört von jetzt an zu seinen Hauptforderungen – auch an sein Land. Der Aufruf zur Erneuerung ist die geistige Landesverteidigung von Max Frisch.

Im Urlaub stellt er fest, wie die zu Hause Gebliebenen in ihrem Dasein hängengeblieben seien, während er zu «den seelischen Kriegsgewinnlern» gehöre. Dieses innere Weiterkommen sei die letzte, die «einzige Rechtfertigung eines Krieges» überhaupt. Das also ist die Urszene des Schriftstellers Max Frisch: Der Soldat, der zu sich selber kommt, indem er sich vor dem ihm nahegerückten, auf den Leib gerückten Tod als lebendigen erfährt und indem er – ganz existentiell – Rechenschaft gibt über sich und das zu verteidigende Land. 1939 findet er für dieses noch fast zärtliche Worte, zum Beispiel anlässlich der Landesausstellung, der

«Landi», wie man sie in der Schweiz nannte. Die Soldaten reden oft von diesem gemeinschaftlichen Erlebnis. Sie sind froh, dass es gerade jetzt geschah. Es hat sie begeistert, auch politisch, begeistert «unter viel anderem, für den Grundzug schweizerischer Eidgenossenschaft, für diese freie Bruderschaft verschiedener Sprachen!»

Was hier «freie Bruderschaft verschiedener Sprachen» heißt, nennt der Autor später die «Idee Schweiz»: denn das sei die Daseinsberechtigung der Schweiz, dass sie keine «Nation», sondern eben eine «Idee» sei. Bis ins Alter stellt er dann aber nichts als Verrat an dieser Idee fest. Die Formulierungen dieser Verrate markieren die Stationen in Frischs Liebesdrama mit der Schweiz.

Die reale Schweiz stellt der Dichter von jetzt an vor das Tribunal der reinen Idee, die sie darzustellen habe. Sie vergisst, seiner Meinung nach, was sie sein könnte, verharrt in Stagnation. Von 1940 an, dem Jahr, in dem Henri Bergson stirbt, dessen zentralen Begriff vom «élan vital» er verinnerlicht hat, erhebt Frisch immer heftiger die Stimme und möchte sein Land zu innerem Leben aufrufen.

1940 erscheint in der *Neuen Zürcher Zeitung* die ‹Neue Folge› der *Blätter aus dem Brotsack*. Erst 1990, in *Schweiz als Heimat?*, hat die Serie auch in einem Buch Aufnahme gefunden. Die Kunstform des verdichteten «objektiven» Tagebuchs wird aufrechterhalten. Der Ton aber wechselt, er wird härter, kritisch. Spott wird hörbar über die «Verfassung, die gelegentlich das Vorrecht jener ist, die nichts zu verlieren haben. Das Leben, ja. Aber im Leben, als Lebender, nichts […] Man verliert nur sich, mitunter auch ohne Krieg, oder nichts.» «Geschehen war nichts», heißt es, oder: «Was ist eigentlich geschehen? Nichts». Ein Hauch von Resignation und Selbstverachtung liegt über den Fragen, welche die Notate von 1940 an durchziehen. Es gibt keine Realität in der Schweiz, nur Information über die Realität: «Die

Nachrichten werden langweilig [...] zu Mittag, zu Abend.» Auch für die Friedfertigsten im Militär macht sich die auferlegte Tatenlosigkeit als Lähmung bemerkbar.

Stagnation fällt Frisch auf an dem Land, das es zu schützen gilt. Erstmals liest man Feststellungen, die bei ihm später zu Leitthemen werden. Vorbehalte der Schweiz gegenüber werden nun explizit formuliert. Er attackiert eine genau bestimmte Mentalität, die grundsätzliche Ablehnung von Veränderung: «Man nimmt es den Dingen, schon dass sie sich bewegen, von Herzen übel.» Man empöre sich über alles, was stört, und sei entsetzt darüber, dass die Welt «nicht ein Bestand» sei, sondern eine Bewegung. Doch schon fällt er sich wieder ins Wort. Empörung sei eigentlich der falsche Ausdruck für diese Haltung, es sei vielmehr einfach Ärger, eine hilflose Verdrossenheit gegenüber dem bewegten Leben, der Welt als Prozess, Verdrossenheit, «dass die Welt nicht endlich zu Ende ist». Und mit seiner Fähigkeit zur prägnanten Formulierung bringt er die Sache auf den Punkt: «Es ist der schweizerische Aberglaube an den Bestand.»

Der vitale Anspruch, den der Autor an seine Protagonisten stellt, wird immer dringender auch an die Schweiz erhoben. Dieses Land sperre sich hartnäckig gegen alle Forderungen, zu leben. Die kreative Entwicklung fehle im Bundesstaat, der einst einem schöpferischen Akt entsprungen sei. 1848, in jenem kühnen und rationalen Entwurf, sei der Mythos der Schweiz anzusiedeln und nicht 1291 in der Verschwörung der «Urlande», wie Frisch noch im Juni 1990 gesprächsweise darlegt. Mit Wilhelm Tell, diesem «unsolidarischen, bornierten Draufgänger» und bäuerlichen Einzelgänger, sei kein schweizerischer Mythos zu begründen. Aus solchen Überlegungen wehrte sich der Schriftsteller gegen die Siebenhundertjahr-Feier der Eidgenossenschaft im Jahre 1991.

Was 1940 noch wie leichthin, in einem an Robert Walser erinnernden Tonfall gerügt wird, wächst sich schon gleich nach dem

Krieg zum tiefen Anstoß und Leiden aus. Im Land verhärten sich die Fronten, der Kalte Krieg führt zu eigentlichen Denkverboten und in eine unfruchtbare Enge mit vielerlei Auswirkungen. Der «Fichenskandal» von 1989 war eine davon.

In den fünfziger und sechziger Jahren setzt für den Autor die Phase der unerbittlichen Revisionen seiner früheren Standpunkte ein, Revisionen, mit denen er weder sich selber noch die Schweiz schont. *Wilhelm Tell für die Schule* und das *Dienstbüchlein* markieren den Weg auf eine zunehmende Distanzierung hin.

Im *Dienstbüchlein* von 1973 legt der Schriftsteller nach vierunddreißig Jahren eine Überarbeitung und Neudeutung der *Blätter aus dem Brotsack* vor. Er versteht das frühe Buch – eines der wichtigen Zeugnisse des Existentialismus in der deutschsprachigen Literatur – nicht mehr – so wie einst Rousseau, gemäß Jean-Paul Sartre, seinen eigenen Contrat social nicht mehr verstanden habe. Er nennt jetzt den frühen Band, diesen streng subjektiven und ebenso streng auswählenden Bericht, abschätzig ein «treuherziges Tagebuch».

Er gesteht zwar und glaubt, gestehen zu *müssen:* «Man rechnete mit dem deutschen Überfall. Ich hatte Angst. Ich war dankbar für alles, was nach Watte aussah»; «ich verweigerte mich jedem Zweifel an der Armee»; «wir wussten, dass die Schweiz im Recht ist. Schweiz gleich Demokratie.»

Die Aura der einstigen Situation, die Erfahrung des auf sich selbst zurückgeworfenen Soldaten, wird im *Dienstbüchlein* durch die Analyse der Situation und das Gericht über den Protagonisten von damals ersetzt. Wenn ihm früher die im ersten Morgenlicht aufglänzende Schneekante zum Zeichen seiner Existenz zwischen irdischer Gebundenheit und transzendenter Öffnung wurde, so sagt er jetzt, man habe im Militärdienst «die verschiedenen Sorten von Schnee kennengelernt», und zählt sie alle auf: den «Kristall-Schnee», der in der Sonne glitzert, den

Schnee unter dem Regen, den ganz schweren Schnee, der an der Schaufel klumpt, und den ganz leichten, «der ins Gesicht weht». Im Sommer den Schnee von alten Lawinen und den frischen Schnee im Winter, «in den man einsinkt bis zur Hüfte». Der Erzähler wird nicht mehr lyrisch bei der Erinnerung an die Natur in jener fernen Militärdienstzeit. Er registriert sachlich. Und doch waren es Erfahrungen damals, genuine Erfahrungen: «[...] nie habe ich so viel Nebel erlebt wie beim Militär, nie so viele Sterne wie auf der Wache. Und die verschiedenen Sorten von Regen [...]»

Das *Dienstbüchlein* ist nicht minder gut geschrieben als jene früheren Texte, belegt aber die Zerstörung mancher Überzeugung, die nur mehr für eine Legende gehalten wird. Es ist auch die Zerstörung eigener Vergangenheit. Stiller ist hier am Werk.

Vom Blickpunkt der sechziger und siebziger Jahre aus, der Perspektive jenes Max Frisch, der der Sozialdemokratischen Partei nahesteht, ist die Schweiz immer mehr nur ein Land der Mächtigen. Gerade darin aber hat sie für ihn auch mit der Armee, der Landesverteidigung zu tun. Als Soldat wurde er von ihr geprägt, und dreißig Jahre nach dem Krieg beginnt er vieles anders zu verstehen, manches überhaupt erstmals. Es kommt zu unheimlich subtilen Sprachbeobachtungen. Es habe damals völlig überzeugend und selbstverständlich gewirkt, «wenn ein Major oder ein Oberst sagte: euses Vatterland». Aber keineswegs selbstverständlich, vielmehr seltsam und irritierend wäre es gewesen, «wenn ein Kanonier zu einem Oberst sagen wollte: euses Vatterland». Das Vaterland habe mit seinen Soldaten gerechnet, habe auf sie gezählt, aber das Monopol des Redens darüber sei bei den Offizieren geblieben: «[...] wir waren nicht seine Sprecher, seine Stimme.»

Die Fronten zwischen der offiziellen Schweiz und den Intellektuellen haben sich von den sechziger Jahren an allgemein verhärtet. Die Schweiz sollte in den Augen ihrer Kritiker eine Gegenschweiz werden. Unermüdlich ruft Frisch auf zu innerer Umgestaltung, betreffe diese nun die urbanistische Entwicklung (wie in *achtung: Die Schweiz*), den Umgang mit den Gastarbeitern, die Asylpolitik der achtziger Jahre, die Unterstützung der Initiative zur Abschaffung der Armee von 1989, die Unterstützung des Kulturboykotts für die Siebenhundertjahr-Feier von 1991.

Max Frischs Einmischungen unterscheiden sich allerdings von den Ideologien der Achtundsechziger und damit von den Forderungen der um eine Generation Jüngeren. Die Idee der Schweiz bleibt für ihn mit der Idee des Lebens verbunden, eines gesteigerten, bis ins Letztmögliche ausgelebten Lebens, das ein jeder vor dem Tod zu erreichen habe. Zu diesem Leben gehörte eine schöpferische Politik, schöpferischer Einsatz für die Heimat, die zärtlich eigentlich «Motherland» genannt werden müsste, wie Frisch betont. Zu diesem Einsatz gehört Widerstand, wie jener von Stiller.

Der Autor beurteilt seine Figuren unter anderem von der Frage her, ob sie sich Heimat er-lebt haben oder nicht. «Die Figuren meiner Erfindung» haben fundamental mit der Schweiz zu tun. In seiner Rede bei der Entgegennahme des Großen Schillerpreises zählte er diese Gestalten auf und erkannte sie als unverwechselbar schweizerisch: Bin, der in Zürich nach Peking reist, Stiller, der hier «sich selbst entkommen möchte», Homo faber, der sich selbst versäume, weil er nirgendwo hingehöre, Biedermann habe den Stich ins schweizerisch «Heimelige». Andorra sei zwar nicht die Schweiz, wohl aber «das Modell einer Angst, es könnte die Schweiz sein», und diese Angst sei wiederum die eines Schweizers. Gantenbein wird erwähnt, der den Blinden spielen muss, um seine Umwelt überhaupt auszuhalten, und natürlich Graf Öderland, der zur Axt greift, «weil er die entleerte und erstarrte Gesellschaft, die er als Staatsanwalt vertritt, am eigenen Leib nicht mehr erträgt». Und er fügt die Anekdote an, dass man dieses Stück in Paris «un rêve helvétique» genannt habe, obwohl eine Revolte, wie Öderland sie anzettle, ja nicht in der Schweiz, sondern 1968 in Paris stattgefunden habe.

Inszenieren wir ein ähnliches Kopftheater: Frisch-Protagonisten treten auf, angefangen bei der ersten großen Erfindung, Stiller, bis zur letzten wirklich fiktiv gemeinten Gestalt, Felix Schaad in *Blaubart*, und schauen wir sie genauer an. Alle scheitern doppelt, in ihrer Beziehung zur Heimat und in ihrer Beziehung zu Frauen. Zwischen der Liebe zur Heimat und der Liebe zu Frauen gibt es Parallelen. Die gesuchte, geliebte Heimat, die gesuchten, geliebten Frauen versagen vor den radikalen Forderungen der Protagonisten. Für das Verhalten der Frauen findet der Autor Entschuldigungen. Die Forderungen der Männer seien unerbittlich, radikal. Mit ihrem autoritären Gehabe machen sie sich den Frauen gegenüber schuldig. Nicht so verhält es sich mit der Schweiz. Für sie findet er keine Entschuldigungen. Hier ziehen sich die Vorwürfe durch, von der ‹Neuen Folge› der *Blätter aus dem Brotsack* an: Bewegungslosigkeit, Abtötung des demokratischen Lebens, Unfähigkeit, Neues zu denken.

Heimlich bestimmt Kierkegaards Buch *Entweder – Oder*, das für den frühen Frisch wichtig war, noch immer sein Wertsystem. Das gilt sowohl für seine Figuren wie für die Schweiz. Die gesuchte oder die vernachlässigte Beziehung zu diesem Land ist eines der Hauptkriterien für den moralischen Maßstab, den der Autor an seine Figuren anlegt. Denn ebendieses Land sei eine Idee, derer es sich würdig erweisen müsse.

Da gibt es zwei grundsätzlich verschiedene Verhaltensweisen: jene, die sich aufreiben im Kampf um die Erneuerung ihrer Heimat, und jene, die sich absetzen, nicht in eine neue Heimat – eine solche finden sie nicht –, sondern ins Ortlose. Erleiden, Erstreiten, inneres Ansammeln von Lebensstoff: Das hat mit der Schweiz zu tun.

Zerstört wird jeder dieser Protagonisten: Wer aber um neues Leben, um Veränderung gekämpft hat, kann trotz Scheiterns vor dem Autor mehr oder weniger bestehen. Vergröbert gesagt: Er stellt die Figuren vor ein Gericht, und ein Hauptkriterium dabei ist die Frage, ob sie sich an ihrer Umgebung abgearbeitet haben oder nicht.

Da ist Stiller, der Rückkehrer, der wilde, dann verstummende Kämpfer, eine der Grundgestalten, und auf der anderen Seite steht Homo faber, der Heimatlose, der sich mit allem arrangiert, gerade darum hinterrücks vom Schicksal gefasst wird und, wie man annehmen muss, umkommt. Stiller, der Kämpfer, hat Brüder. Einer ist Graf Öderland, der Staatsanwalt, der sich anarchisch gegen die verhockten Zustände wehrt in dem Land, dessen Repräsentant er ist. Ein anderer Bruder wäre Andri in Andorra, wieder ein anderer jener Enderlin/Gantenbein, der nackt durch Zürich flieht und in die psychiatrische Klinik eingeliefert wird.

Auch Homo faber, der Techniker, der Weitreisende, der Heimatlose, hat Brüder, merkwürdigerweise gerade unter jenen, die gar nicht ausgewandert sind. Solche sind Biedermann in *Biedermann und die Brandstifter,* Herr Geiser in *Der Mensch erscheint im Holozän.*

Zurück zur verkörperten Opposition, zu Stiller. Auch Stiller muss auf Befehl hin schreiben, wie der Soldat der *Blätter aus dem Brotsack:* Die Heimat hat also das Schreiben auch hier verordnet. Das wird gleich zu Beginn des Romans, als wir Stiller im Gefängnis begegnen, zu einer starken Szene. Er fordert Whisky, aber er erhält etwas anderes: «Heute bringen sie mir dieses Heft voll leerer Blätter: Ich soll mein Leben niederschreiben! wohl um zu beweisen, dass ich eines habe, ein anderes als das Leben ihres verschollenen Herrn Stiller.»

Der Rausch ist für Stiller die Bedingung der besseren Erkenntnis, der Whisky ermöglicht das wahre Menschsein. In der Whisky-Benommenheit ist er nicht «der Bürger im Städtchen, wie er ihnen so passen möchte». Stiller sitzt im Gefängnis, wie das Ich der *Blätter* in die Armee verbannt ist. Merkwürdig: Er soll auf Staatskosten sein Leben niederschreiben, und er soll es, wie er glaubt, niederschreiben, um zu beweisen, dass er ein Leben habe, nicht das Leben ihres Stiller, sondern das wahre Leben. Das «wahre» Leben, das er dann aufzeichnet, ist ein einziger Wutschrei, ein immer neu modulierter Protest. Man könne hier nicht atmen vor Hygiene, da herrsche die blinde Meinung vor, dass es «Gerechtigkeit gebe, zumindest einen Rechtsstaat, zumindest in der Schweiz». Der Verteidiger wird von Stiller zum prototypischen Schweizer stilisiert. Er wisse sehr viel, «zuverlässig wie ein Lexikon», und zwar vor allem über die Schweiz. Gerade deshalb habe es keinen Sinn, mit ihm über die Schweiz zu reden. Denn jeden Gedanken, der die Schweiz in Frage stelle, ersticke er «unter einer Fülle historischer Tatsachen, die nicht zu bestreiten sind». Dadurch habe man am Ende immer unrecht. Stiller wird durch diesen Mann, wie er zugibt, maßlos gereizt. Und zwar gerade wegen seiner Korrektheit und Mäßigkeit. Er sei intelligent, intelligenter auch als Stiller, «doch verwendet er seine ganze Intelligenz lediglich darauf, keine Fehler zu machen». Stiller verzweifelt dem Verteidiger gegenüber gerade deshalb, weil er ihm eigentlich nichts vorwerfen kann und weil dieser ihn nicht nur gut behandelt, sondern auch für einen guten Menschen hält, «für einen herzensguten, jedenfalls arglosen, im Grunde durchaus vernünftigen Menschen, einen Menschen guten Willens, einen Schweizer». Das ist eine Falle, aus der sich Stiller nur durch Wut befreien kann, wohl wissend, wie ungerecht diese Wut diesem Mann gegenüber ist. Denn sogar für Stillers Kritik an der Schweiz hat er volles Verständnis. Er findet ihn «begreiflicherweise ungehalten», es sei schließlich «bitter, die Heimat durch ein Gitter zu sehen». Worauf Stiller, ziemlich unbeholfen, nur noch erwidern kann: «Was heißt Heimat?»

Auf über fünfhundert Seiten entwickelt dieser Roman ein Schweiz-Drama, das Drama Frischs mit der Schweiz. Schweizerisches halte man für zu ernst für Witze, darum sei es hier nie lustig. Zürich sei festlich in der Landschaft, öde durch seine Bewohner. Stadt und Land hätten etwas «Allerwelthaftes», überall herrsche der geistige Kompromiss. Was den Schweizern fehlt, ist die Größe, und sie haben allerlei Wörter, um sich damit abzufinden. Dabei bedeutet der Verzicht auf das Wagnis den geistigen Tod, nicht einen jähen, dramatischen Tod, sondern eine langsame, unmerkliche, aber unaufhaltsame Art des Sterbens. Man merkt das, meint Stiller, an der Atmosphäre in der Schweiz. Sie hat etwas Lebloses. Und es fällt einer von Frischs Kernsätzen, dass nämlich «ein Mensch stets geistlos wird, wenn er nicht mehr das Vollkommene will». Dahinter steht die Ablehnung des Kompromisses. Es gibt Bereiche, in denen der Kompromiss falsch, gefährlich, im erwähnten Sinne tödlich ist. Überraschenderweise stellt Stiller diese Diagnose neben eine Betrachtung der modernen Schweizer Architektur, bei der er eine «offenkundige Sucht nach materieller Perfektion» feststellt. Darin sieht er aber nicht jenen vermissten Willen zur Vollkommenheit, sondern eine «unbewusste Ersatzleistung». Weil sie in den Ideen nie kompromisslos seien, brauchten sie diese materielle Perfektion. Das ist, selbst wenn es ungerecht sein sollte, unheimlich scharfsinnig gedacht. Aber Stiller ist noch nicht zu Ende mit seiner Tirade. Er kommt wieder auf den Kompromiss zu sprechen und zieht nun die Differenz zwischen dem politischen und dem geistigen Kompromiss. Der politische Kompromiss sei richtig. Er sei die Basis der Demokratie. Der geistige Kompromiss aber sei so selbstverständlich geworden, dass «die allermeisten Schweizer» nicht mehr imstande sind, daran «überhaupt noch zu leiden». Das habe zur Folge, dass man sogar das Bedürfnis nach Größe verpöne. Der gewohnheitsmäßige Verzicht auf «das Vollkommene, das Radikale» aber führe zuletzt zu «Impotenz sogar der Phantasie». Und Stiller benennt die Symptome dafür: «die Armut an Begeisterung, die allgemeine Unlust, die uns in diesem Lande entgegenschlägt.»

Was Frisch hier «Verzicht auf das Große» nennt, heißt bei anderen Schweizer Autoren später, bei seinen Nach-Denkern, «Enge», bei Paul Nizon etwa in *Diskurs in der Enge* (1970). Ähnliches sagen Peter Bichsel, Otto F. Walter. Die Schweiz müsste angesichts der Tatsache, dass sie einmal nicht mehr existieren könnte, ein möglichst starkes inneres Leben ansammeln, meint Frisch, so könnte sie sogar ihr eigenes Ende sabotieren, anders als ein irdischer einzelner Mensch, anders als Stiller. Anpassung ist Lähmung, bedeutet Tod ohne Leben. Die Spannungen und Schmerzen bedeuten wahres Leben, und wahres Leben ermöglicht ein würdiges Ende.

Der Diskurs überschlägt sich. Ob Widerstand geleistet wird, ist die Kernfrage – und doch handelt sich der Widerstandskämpfer auch Schuld ein, die Lebensschuld des wahrhaft Lebenden. Auch das existentialistische Credo wird demgemäß vor ein Gericht gestellt, vor ein christliches. So wird hier die Krise der Krise herbeibeschworen: Stillers Verwandlungsmanie flieht den Gott eines christlichen Verständnisses, sie negiert die «absolute Realität». Dieser Aspekt wird in dem von Stiller kommentierten Gespräch mit dem Staatsanwalt deutlich. Dieser konfrontiert Stiller mit dem stärksten möglichen Gegenargument gegen seine Forderung, als ein Mann akzeptiert zu werden, der nicht Stiller ist. Solange einer die Umwelt überzeugen wolle, dass er niemand anderer als er selbst sei, habe er nachweislich Angst vor der Missdeutung durch die andern, und genau durch diese Angst bleibe er der Gefangene jener, von denen er sich doch befreien wolle. Und der Staatsanwalt formuliert seine Theologie: «Ohne die Gewissheit von einer absoluten Instanz außerhalb menschlicher Deutung [...] kann ich mir freilich nicht denken, dass wir je dahin gelangen können, frei zu sein.» Nicht die Menschen, heißt das, nicht die Umwelt, nicht die Zürcher, nicht die Schweizer müssten zu Stillers Selbstdefinition ja sagen, sondern Gott müsste es. Dann erst wäre Stiller frei.

Wie reagiert er? Er nimmt die These ernst, ohne sie explizit anzunehmen. Er denkt sie weiter in einer Passage, die nahezu einzigartig ist in Frischs Werk. Seine tiefste Regung sei «Verwandlung» und «Flucht», gesteht er. Flucht vor dem Faktum, ein nichtiger Mensch zu sein. Selbst wenn er sich der Einsicht stelle, ein nichtiger Mensch zu sein, tue er dies in der Hoffnung, durch diese demütige Einsicht so wertvoll zu werden, dass er nun kein nichtiger Mensch mehr sei. So könne er auch bei einer eventuellen Suche nach Gott gar nicht anders, als zu hoffen, in der Gottesbegegnung ein anderer zu werden, «eine reichere, tiefere, wertvollere, bedeutendere Persönlichkeit». Er könne also gar nicht anders, als Gott zum Instrument seiner Suche nach Verwandlung zu machen. Das aber müsse Gott wiederum daran hindern, ihm gegenüber «wirklich eine Existenz anzutreten». Die Ursache dieses notwendigen Scheiterns ist also die Tatsache, dass Stiller so ist, wie er ist. Von Gott her gedacht, heißt das, dass Stiller so ist, wie Gott ihn geschaffen hat. Gott müsste ihn also zuerst umschaffen, wenn die Begegnung und damit die Befreiung im Sinne des Staatsanwalts möglich werden sollte. Stillers Fazit: «Meine conditio sine qua non: dass er mich, sein Geschöpf, widerrufe.» An solchen Stellen geht die Auseinandersetzung mit der Umwelt, mit Zürich und der Schweiz, weit über eine bloß gereizte Kritik hinaus.

Der wütend Kämpfende ergibt sich zum Schluss. Er verhält sich still in seinem Domizil mit Gartenzwergen über dem Genfersee, wird nicht ein freier Mensch, nur einer, der aufgibt, einer, der weder sich selbst noch die Schweiz weiterstößt durch seine Existenz.

Ruhehaltung von Anfang an, die Ruhehaltung dessen, der sich gar keine Heimat erstreitet, führt in die Sinnkrise: So geschieht es Stillers Gegenpart innerhalb der Figurenwelt dieses Autors, Walter Faber in *Homo faber* von 1957. Im Juni 1990 habe ich mit Frisch über dieses Buch gesprochen. Er meinte dazu, man rede immer wieder vom Ödipuskonflikt, das sei falsch. Hier sei viel eher ein Mythos gestaltet, an den er beim Schreiben gar nie gedacht habe, der Mythos von Persephone. Faber raubt Sabeth, die Tochter, und verbindet sich mit ihr, zieht sie in die Unterwelt. Diesem Gespräch gemäß wäre Homo faber eine Figuration des Totengottes Hades. Der Ingenieur, Absolvent der Eidgenössischen Technischen Hochschule, glaubt nicht an Fügung, hält nichts vom Träumen. «Ich brauche, um das Unwahrscheinliche als Erfahrungstatsache gelten zu lassen, keinerlei Mystik; Mathematik genügt mir.» Er hat keine Utopie, keinen Drang nach Veränderung. Er lichtet die Welt – Mondaufgang und Sonnenuntergang – mit seiner Kamera ab. Gegen Schluss, unheilbar krank in einem griechischen Spital, nach Inzest und unbeabsichtigtem Mord, bemerkt er dann immerhin, Zeugnisse von ihm, Briefe, Berichte seien im Todesfall zu vernichten, denn sie stimmten nicht. Dämmert ihm, was er versäumt hat? Was gelte, fügt er an, sei «standhalten der Zeit beziehungsweise Ewigkeit im Augenblick. Ewig sein: gewesen sein.»

Was Walter Faber dorthin mitbringt? Nichts. Nichts in die Leere der Ewigkeit. Hades also doch! Oder, wie Frisch in seiner Rede ‹Schweiz als Heimat?› von 1974 sagt: «Homo faber, der sich selbst versäumt, weil er nirgendwo hingehört.»

Hätte Faber ohne Verfehlung und Krankheit sein Dasein verbracht, ihm wäre vielleicht das Schicksal von Herrn Geiser, dem pensionierten Protagonisten von *Der Mensch erscheint im Holo-*

zän, beschieden gewesen. Geiser, dieser Schlüsselheld der modernen Literatur, hat so wenig Lebenssubstanz angesammelt, dass er im Alter recht eigentlich in sich zusammenfällt. Er hat keine Menschenwürde, weil er nicht gelebt hat. Wenn er stirbt, ist er wie nicht gewesen. Da dieser alt gewordene Homo faber ein Prototyp ist für die allzu vielen, die ihr Leben nicht aus Leidenschaft für ebendieses Leben gestalten, herrscht gemäß Frisch Spätzeit.

Die Verhältnisse bleiben und sterben ab. Ein letztes Mal hat der Autor mit seinem Dialog, genannt «Palaver», *Schweiz ohne Armee?* zur Neugestaltung aufgerufen, wenn auch resigniert genug. Jonas, der Enkel, liest dem unverkennbar autobiographischen Großvater dessen *Dienstbüchlein* vor und rügt daran einen übertriebenen Patriotismus, im Gleichen den männlichen Mythos, den der Großvater für den einzigen in der Schweiz hält, den Mythos der Schweizer Armee. Damit allein aber kann die Schweiz nicht überleben – das wird deutlich genug. Ein neuer Mythos zeichnet sich in seinen Augen nicht ab, einer, der die andere Hälfte der Bewohner dieses Landes, die Schweizerinnen, mit einbeziehen würde. Einen solchen ganzheitlichen, auch weiblichen Mythos hat der alte Autor aber nicht explizit gefordert. Er glaubte vielmehr, ab 1992, nach dem europäischen wirtschaftlichen Zusammenschluss, werde dieses sein Land nur mehr als Kulisse weiterexistieren, dem Schein nach. «Schade», meinte Frisch in jenem Gespräch vom Juni 1990, oder – wie er es wirklich sagte, nämlich im Dialekt – «schad!» Den Tonfall vergesse ich nicht.

7. Ein anderer Montaigne: zu den Notaten und Briefen

Im Buch *Jetzt ist Sehenszeit* hat Julian Schütt unbekannte Frisch-Dokumente aus den Jahren 1943–1963 versammelt. Man gewahrt darin, wie die Denkbewegungen erstarken, die der Neunundzwanzigjährige entwickelt hat: 1939 in den *Blättern aus dem Brotsack* und ein Jahr später in der ‹Neuen Folge› jener *Blätter.* Er notiert ein Begebnis, erwägt das Gesagte, schränkt es ein, widerruft es, überlegt es sich anders. So stichhaltig und so ganz ohne Schonung seiner selbst erstattet der Autor Bericht über diesen Prozess, dass er den Leser neu erobert. Man sieht ihn denken.

Knappe Ansichten der Weltlage, Kriegsanalysen und Analysen der Befindlichkeit im schweizerischen Nicht-Krieg wechseln ab mit Phasen einer wunderbaren Öffnung für Niegesehenes, für die Zeichensprache der versteckten Natur. Der Aktivdienstsoldat im Tessin erörterte in einem Militärtagebuch die Lage, die alle bedrohte und alle betraf.

Die unbürgerlichen Zeiten mit Wachestehen bei Nacht und frühmorgens, in jeder Farbe der Witterung, lauernd dahinter das Grauen, die Meldungen von jenseits der Grenze: die außergewöhnliche Situation brachte diesen Schriftsteller, der das Schreiben aufgegeben hatte, wieder zum Schreiben.

Frisch führte weiterhin Tagebuch, auch nach Kriegsende sprach er unablässig mit sich selbst und widersprach sich selbst, was die hundertdreißig blauen Notizbüchlein, die er hinterlassen hat, bezeugen. So will er einem vorkommen wie ein anderer Montaigne, einer für die Anfänge eines neuen Europa nach 1945.

Im April 1945 schaut er mit dem Fernglas über die Grenze

in ein – noch – verschlossenes Österreich, mutmaßt über das Fremde: «Der Blick durch das Scherenfernrohr, er hört nicht auf, sonderbar zu sein; das stumme Pickeln, die Gebärden eines Gesprächs, das Räuchlein aus einer Pfeife, immer dieser Widerspruch von augenscheinlicher Nähe und lautloser Ferne […]» Manchmal aber dann doch, mitten in der Geisterhaftigkeit, eine Begegnung, mit einem Süddeutschen zum Beispiel: «Seinem liebenswerten Gesicht möchte man es wohl gönnen, dass der Krieg zu ende käme, bevor auch sein Häusle zerstört ist.» Der Mann aber habe ihm versichert, dass «alleweil wir Deutschen den Krieg haben». Das sehe man schon, wenn man in die alten Bücher gucke. Seine wassergrauen Augen seien rührend und erschreckend in ihrer Ahnungslosigkeit, bemerkt der Schreiber, und er fragt sich, ob er nächstes Mal den Mut haben werde, Lidice, Oradour und Auschwitz zu erwähnen.

Bald darauf reist Frisch nach Deutschland, Polen, Italien, Frankreich und in die USA. Und immer schaut er sich selber zu beim Aufzeichnen des Gesehenen, beim Verfertigen der Gedanken, dem Bewusstwerden der Gefühle. Er wirft sich vor, ständig zu urteilen. Ihn beschleicht das Unbehagen des Verschonten. Das Mitleid weist er als unstatthaft zurück, es entbinde vom «gesamthaften Gewissen». Sich selbst verordnet er Moral, indem er sich über die Schulter schaut, korrigiert, zurücknimmt. Diese Moral liegt nicht in der Bestätigung des Gewussten, sondern in der vorurteilsfreien Erörterung mit offenen Sinnen.

Auch was die Einschätzung der Kriegsschuld betrifft. Die Tagebuch-Form erkennt der Autor zunächst noch nicht in ihrer vollen künstlerischen Tragweite. Sie wird eine seiner wichtigsten Ausdrucksformen abgeben. Das großartige, auch für deutsche Leser wichtige *Tagebuch mit Marion*, aus dem später das *Tagebuch 1946–1949* hervorgeht, entsteht aus solchen Notizen: ein Buch, aus viel Material, geschnitten wie ein Film.

Selbst das Rohmaterial hält einem heutigen kritischen Blick stand, eben weil nie nachgebetet wird, sondern geschaut und nochmals geschaut. Jetzt sei *Sehenszeit*, hat Frisch damals bemerkt. So berichtet er – schon ganz in seinem späteren unbestechlichen Stil – über Ruinen, über die so verschiedenen Verhaltensweisen der Überlebenden. Da ist aber auch die Faszination vor dem Zerstörten. Immer wieder stoße er auf «Ruinen von einem makabren Zauber». Vor allem farblich sind sie schön: Backsteine, die ganze Halden bilden, scheinen in einem blassen Terrakotta, darüber Bläue. Er schämt sich, wenn er das so empfindet, aber er weiß, dass Schönheit sich um nichts kümmert. Sie eignet sich alles an, «auch das tödliche Gerippe im Löwenzahn». Gleich darauf aber fügt er die Frage an: «Wenn man zerstörte Dome sieht und ganze Brücken: Ob das wirklich der einzige und der nächste Weg zum Sieg war?» Sicher sei das kein nächster Weg zum Frieden gewesen.

Mit seinem um Gerechtigkeit bemühten Blick auf Deutschland ist der Schriftsteller angeeckt in der Schweiz, die alle wirtschaftlichen Verbindungen mit den Nazis sofort verdrängt hat. Doch heftig kritisiert wurde er auch in Deutschland, wo man meinte, einer Art Naturverhängnis, einer Katastrophe namens Hitler, zum Opfer gefallen zu sein.

Trotzdem: Frisch hat in dieser Zeit noch keine feste Position, sondern sucht stündlich, eine solche zu erwerben und sich über die Schritte dahin klarzuwerden. Dieser nicht abgesicherte Prozess erweist sich als literarisches Ereignis.

Da er sich mit Augen und Ohren hineinhält in jenen unmittelbaren Nachkrieg, wirken seine Schilderungen in keiner Weise veraltet. Und man versteht, dass ihn, den für nicht konforme Ansichten Boykott und Unverständnis treffen, gegen Ende der vierziger Jahre das «Öderländische» heimsucht, eine Mischung von Frustration und blindwütiger Rebellion. Das verbreitete Zurechtschustern der Realität, die Denkverbote, der «Fluch der Wiederholung» lassen Graf Öderland zur Axt greifen und, wie Frisch sagt, «in die Leere gehen», in «die Öde» – ähnlich wie Stiller einige Jahre danach. In einem Brief an den Regisseur Kurt Horwitz legt er diese Revolution der Sinnlosigkeit dar, eine Revolution auf der Folie eines rabenschwarzen Existentialismus: «Das Diesseits ist ein Gefängnis, und wenn es keine Hoffnung anderswoher gibt, dann gibt es überhaupt keine. Oder im Detail gesagt: das Amoralische ist auch keine Befreiung; das Leben, wenn es sich selber rechtfertigen soll, ist unlebbar.»

Für den Autor von *Graf Öderland* gibt es dann doch ein Leben jenseits «der Gewöhnung» in Zürich. Er verlässt immer häufiger die Stadt, dann die Familie, für geraume Zeit Europa, geht in die USA, nach Mexiko. Das alles gehört zur Voraussetzung für Bücher wie *Stiller* und *Homo faber*, zum «making of an intellectual», wie Frisch ihn verstand.

8. Die ‹Rede vor jungen Ärztinnen und Ärzten›

Diplomfeier in der Aula der Universität Zürich, 8. Dezember 1984. Die jungen Mediziner applaudieren heftig. Sie scheinen Max Frischs Argumente verstanden zu haben. Der Autor plädiert am Schluss seiner Rede für Entscheidungsfreiheit über den eigenen Tod. Vorher hat er gefragt: Wie werden Sie sich als Samariterin, als Samariter in dieser «ethisch konfusen Gesellschaft» angesichts eines Sterbenden moralisch verhalten? Verweigern Sie Sterbehilfe gegen Ihre eigene Einsicht? Wenn ja, was geschieht dann mit Ihrer Einsicht, mit Ihrer Person? Die Heimlichkeit der Entscheidung ist gefährlich, ermöglicht Willkür.

Es ist folgerichtig: Wenn Frisch die Zuhörer zum Wagnis auffordert, das eigene Leben zu leben in Freiheit, dann muss er eine solche Freiheit auch für das Sterben wünschen: «Sterbehilfe nach dem Willen des Patienten, alles andere kommt nicht in Betracht.» Wir hätten das Recht, um Sterbehilfe zu ersuchen. Stichhaltige Gegenargumente aber brachte er wiederum selber bei. Ein Beispiel: Wie, wenn einer erst in der gänzlichen Unfreiheit eines Apparats, der ihn am Leben hält, zwei, drei helle Stunden hat und endlich mit sich ins Reine kommt? Erst als Sterbender kommt eine Figur Tolstois, der Gerichtsbeamte Iwan Iljitsch in der Erzählung *Der Tod des Iwan Iljitsch*, neu auf die Welt. Der Fünfundvierzigjährige gelangt zur Einsicht, dass seine beruflichen Erfolge leeres Karrieristentum gewesen sind. Erst der bevorstehende Tod bringt ihm diese Erkenntnis, die von Tolstoi christlich gemeint ist. Mit Sterbehilfe wäre Iwan Iljitsch die eigentliche Geburt versagt geblieben.

Leben ist Wunder («ich brauche kein anderes Wunder»), ist «Standhalten im Licht», ist «Standhalten in der Zeit beziehungsweise Ewigkeit im Augenblick»: Das «Stenogramm», vor Jahrzehnten in *Homo faber* formuliert, nimmt Frisch nicht zurück, er wiederholt es sogar. Auch schränkt er den fundamentalen Schrecken darüber nicht ein, dass wir auf Abruf geboren sind. Er meint aber – nach Abwägen auch sich widersprechender Überlegungen –, dass es falsch sei, sich selber überleben zu wollen. Jedem Einzelnen sei eine «Geistfigur» gegeben, die sich nicht beliebig verlängern lasse. Unsere Existenz als Person sei «nicht additiv» angelegt, sondern eine «Gestalt», die in sich selber aufgehe.

Körperliches und seelisches Leben müsse – gemäß Epikur, dem Frisch folgt – der unendlichen Geistmaterie in Partikeln zurückgegeben werden. Mit Pille, Impfungen, Antibiotika hätten wir Gottvater längst das biologische «timing» abgenommen. So sei es konsequent, wenn wir Verantwortung auch für das Sterben übernähmen.

9. Endzeitfiguren

Die drei letzten großen Werke von Max Frisch, das Stück *Triptychon* und die Erzählungen *Der Mensch erscheint im Holozän* und *Blaubart*, sind zwischen 1978 und 1982 herausgekommen. Der Autor war um die siebzig, als er sie schrieb, und betrachtete sie als sein Vermächtnis.

Triptychon. Drei szenische Bilder liest sich als ein Abschied von der früheren Theaterarbeit und ihrem Figurendenken. Das Spiel ist in lineare Abstraktion überführt, in eine – im doppelten Wortsinn – reine Konstruktion. Elemente von Frischs einstiger Selbst- und Weltanschauung sind ihr unterlegt: Auffassungen eines radikalen Lebens und Liebens, das Versagen der Gesellschaft, insbesondere des Mannes. Der Autor nimmt sich bewusst historisch, bannt seine einstigen Ideale und Idealfiguren in einen Jenseitsraum. Die in dem Spiel noch am Leben sind, können vor den Toten nicht bestehen. Diese freilich lernen nichts dazu. Sie lecken, heißt es, an den immer gleichen Geschichten, bis diese aufgebraucht sind.

Für die zwei düsteren Erzählungen bleibt ein großes Ausräumen alter Vorstellungen, von Leben überhaupt. Beide sind unerbittlich verdichtet, karg gehalten – dadurch aber offener, mehrsagender als *Triptychon.* Es sind innovatorische Glanzleistungen. Insbesondere *Der Mensch erscheint im Holozän* bedeutet einen Kulminationspunkt in Frischs Schaffen überhaupt. Kein Satz – und klinge er auf Anhieb noch so banal oder trocken –, der nicht über sich hinaus in letzte Zusammenhänge hineingriffe.

Allen drei Werken gemeinsam ist eine Atmosphäre von Endzeitlichkeit, von Rückzug aus Beziehungen, aus Gemeinschaft im weitesten Sinn. Vorhanden bleibt die «Ewigkeit des Gewesenen» – nicht mehr korrigierbar. Die späten Frisch-Figuren werden von einer Lähmung befallen, einem Zeitgefühl, das sich auch sonst in den 1980er Jahren ausbreitet. Sie geben auf. Anders aber etwa als der Held im ähnlich gestimmten Roman *Brandung* von Martin Walser (1985) misstrauen sie von Anfang an den Verlockungen des Daseins. Streng, böse ist der Verzicht auf alle bunte Verführung. Eine fast jenseitige Serenität beginnt aufzuleuchten, wenn der Mensch sich nicht mehr regt: im Hades des *Triptychon*, am Schluss des *Holozän*, wenn Geisers inneres Chaos endgültig zusammenbricht und er Ruhe gibt, wenn er mit seinen sinnlosen Veranstaltungen die Weltgeschichte nicht mehr stört.

Die Figuren der drei Werke fordern zum Vergleich heraus. Wie halten sie's mit der Liebe, der fundamentalen Lebensenergie? In *Triptychon* ist Liebe ein statisches Ideal, verkörpert von einer Toten, Francine. Im Leben war sie erfüllt von einem wunderbaren Vertrauen: «Ich habe geglaubt: wir zwei, du und ich, wir denken alles um. Alles. Und das muss es geben: ein Paar, das sich als das Erste Paar versteht, als die Erfindung des Paares. Wir!» An Roger aber, ihrem Geliebten, der noch lebt, hat sie eines Tages das Kainszeichen auf der Stirn erkannt: «Du hast nie jemand geliebt, dazu bist du nicht imstande, Roger, und du wirst auch nie jemand lieben.» Was Francine zu melden hat, ist ein Abgesang, herrlich, aber wirkungslos – ohne vitale Erregung. Wie eine späte Erinnerung an Stillers Julika rückt sie in die Nähe eines Heiligenbildchens. Voreilig könnte man glauben, sie sei verwandt mit Jennifer, der radikal Liebenden aus Ingeborg Bachmanns Spiel *Der gute Gott von Manhattan*. Dort aber wirkt selbst eine Liebe, die verzweifelt, noch als Antriebskraft der ganzen Welt. Im *Triptychon* ist sie nur noch eine entkörperlichte Idee.

Im gleichen Stück gibt es eine zweite Frauengestalt: Katrin, die Selbstmörderin. Sie bleibt konfliktbewusst, sogar im Tod. Sie klagt darüber, dass nichts Neues mehr komme, dass der jetzige April wie der letzte sei, alles bloß Wiederholung. Das Gesehene und das Gehörte bleiben so, wie es einmal gesehen, gehört worden ist. Der Zuschauer soll aufmerken und sich fragen: Warum will einer nicht *mehr* sehen und hören, solange er da ist? Warum will er nicht bewusster, voller leben, wenn er doch nachher nur das hat, was einmal erlebt wurde? An der Peripherie des wenig hoffnungsvollen Dramas flackert ein Flämmchen auf: die Aufforderung zu leben, der alte Wunsch dieses Dichters. Es gehe in dem Stück um das Tödliche schon vor dem klinischen Tod, hat Frisch in einem Interview dazu gesagt. Er bedaure darin die Vergeudung des Lebens, die er allenthalben feststelle.

Katrins Klagen lassen erahnen, dass von hier aus die Sinnkrise seiner späten Figuren erklärbar wäre, von diesem einst ungestümen, jetzt bloß noch repetierten Appell her. Frühere Werke – *Gantenbein* etwa, Dutzende von Geschichten im zweiten Tagebuch – legen es nahe: Jede Lebensordnung müsste stündlich überprüft, neu durchfühlt werden, damit der existentielle Anspruch – der bei Frisch ins Religiöse spielt – vorübergehend sein Genügen fände. Gleichmaß, Sesshaftigkeit, Gewohnheit: Das sind bedrohliche Faktoren, welche das Dasein in seinem flüssigen, glühenden Kern beeinträchtigen, es zum Erkalten bringen. Jedes fähige Individuum müsste sich gemäß Frisch unmittelbar zu seinem Lebensgott verhalten, ohne ihm je genügen zu können. Der Druck ist so gewaltig, dass ihm keiner standhält. Der Mensch steckt in einer Patt-Situation: Der Gott ruft ihn auf, sich zerreiben zu lassen, im Augenblick aufzugehen. Doch im Tod erst gehört ihm dann dieses totale Leben. So wird jeder – in einem metaphysischen Sinn – schuldig am Leben. Francine, die als einzige Gestalt im Spätwerk keine Schuld trifft, wird verbannt in eine reine Ordnung. In ihrem purgierten Bereich hat sie keinerlei Einfluss auf reale Verhältnisse. Gewiss, Francine ist auf schönere Art wirkungslos als die Witwe im gleichen Stück, die sich ihrem Mann stets untergeordnet hat, oder als die biedere Ehefrau Elsbeth, deren Bild Geiser aus dem Weg räumt. Francine ist auf würdigere Weise wirkungslos als alle die Frau Doktors, die den Blaubart gelangweilt haben. Diese könnten in der unbarmherzigen Sehweise des Autors ebenso gut nicht gelebt haben.

Ein Wesen, das dem Lebensgott genügen könnte, müsste einmalig sein – und grausam unerbittlich –, wie etwa der für den frühen Frisch bedeutsame Johannes in Kierkegaards *Entweder – Oder*. Wenn auch der älter gewordene Schriftsteller das göttliche Prinzip nicht mehr explizit an die oberste Stelle setzt, regiert es doch heimlich immer sein Wertesystem.

Von jener fordernden Macht her sind auch die Protagonisten der Erzählungen *Der Mensch erscheint im Holozän* und *Blaubart*, Herr Geiser und Felix Schaad, zu begreifen. Von dort aus erklären sich ihr Sündenfall und ihr Untergang. Geiser hat so wenig Lebenssubstanz angesammelt, dass er im Alter recht eigentlich zerfällt. Wenn er stirbt, bleibt kein menschenwürdiges Gewesensein. Er ist wie nicht gewesen. Dass ihn das nichtige Schicksal aus ganz bestimmten, nicht frei wählbaren gesellschaftlichen Voraussetzungen trifft, macht Geiser zu einer Schlüsselfigur der modernen Literatur. «Es gilt, was wir leben» – Rogers Satz aus dem *Triptychon* bedeutet, auf Geiser angewendet: Er ist und hat nichts Geltendes, weil er nicht gelebt hat. Er war Ehemann, Berufsmann – höherer Angestellter in Basel; aber gelebt hat er nicht. Der Ort seines Wirkens bedeutet ihm später gar nichts: «Was soll Herr Geiser in Basel?» Dieser intelligente Mensch hat sich – in Frischs Sicht – von den Institutionen vereinnahmen lassen. Er hat sein Inneres abgetötet, was ihn in seinem Pensioniertendasein im Tessin weiterhin lähmt. Seine Welt ordnet sich nicht von einem Seelenzentrum aus, dieses hat er längst verkauft.

Geisers Lebenssünde lässt sich erst aus dem Selbstverlust des alten Mannes erschließen. Allein im Regental, innerlich abgestorben wie in der Vorhölle, inventarisiert und rubriziert er sinnloses Wissen. Er sammelt wahllos Historisches zu seinem zufälligen Wohnort. Mit ihm selber hat das nichts zu tun. Er addiert Daten zur Erdgeschichte, steckt lexikalische Fakten auf Zetteln an die Wand, ist umgetrieben von Phantasien. Seine Menschenwelt unterscheidet sich nicht mehr von der Natur; er verlängert sein Bewusstsein in die tropfende, rissige, rutschende Umgebung. Seine unkontrollierten, nur mehr halbbewussten Handlungen widerlegen in allem den Satz, den er aus dem Lexikon ausgeschnitten hat: «der Mensch hat Zukunft». Insofern als er nicht Zukunft erbringt, ist Geiser kein wahrer Mensch. Und da dieser Pensionierte ein Prototyp ist für die allzu vielen, die ihr Leben nicht aus Leidenschaft für ebendieses Leben selber bestimmen, herrscht, wie Frisch meint, zu Recht Endzeit.

Der Technokrat fällt auf eine frühere Entwicklungsstufe zurück. Die jahrzehntealte Wohlgeordnetheit seiner Existenz wird gleichsam von hinten überrannt und zersetzt. Im Bergtal isoliert, erinnert er an einen Höhlenbewohner. Er brät die Katze, sein und seiner Frau Elsbeth einstiges Totemtier. Er bringt sie allerdings nicht hinunter. Er tastet sich weiter zurück hinter die schmerzhafte Evolution zum Menschen. Über seinen Augen spürt er Wülste wachsen, glaubt, er werde ein Lurch. Gemäß einer alltäglichen Psychologie wird er senil, stürzt auf der Treppe und verwandelt sich halluzinatorisch in das Tier, das er in der Badewanne gefunden hat. Der Salamander wird ihm zum Dinosaurier. Merkwürdigerweise hatte er vorher über Metamorphosen nachgedacht, genau wie über vormenschliche Entwicklungsstadien der Erdgeschichte. Nimmt man Geiser einfach als Neurotiker, steht er gerade als solcher – gemäß Freuds *Totem und Tabu* – «dem Wilden nahe» und dessen animistischen Angleichungen an die Dinge und Wesen, die ihn umgeben.

Ende 1970 hatten viele deutschsprachige Autoren das Bedürfnis, sich von der Hybris der Machbarkeit, der Überschätzung eines linear fortschreitenden Geschichtsdenkens abzuwenden. Das Wort «Ganzheitlichkeit» kam auf und faszinierte. Es begriff Vergangenes mit ein. Von Günter Grass stammte damals der Satz: «Sehnsucht nach Vergangenem, das sich Zukunft erträumen möchte.» Sein Roman *Butt* führte zurück ins ungeschieden Geschichtslose, in ein «mutterrechtliches Zeitalter». Die «Papis» mit ihrer Umweltzerstörung und ihren Kriegen hätten ausgespielt. Man begab sich auf die Suche nach neuen Mythen. «Dinge des Anfangs» waren unverhofft mit einer neuen Aura umgeben. Peter Handke etwa suchte in der *Lehre der Sainte-Victoire* eine «Verwirklichung», die Cézannesche «réalisation» des schuldlosen Irdischen, des Apfels, des Felsens, eines Gesichts. Magie des Archaischen trieb die Geister um. Frisch – eine Generation älter – nahm auf seine Weise an dieser Rückwärtsbewegung teil, beurteilte sie aber skeptisch.

Sein Geiser hatte kein Spektrum von Möglichkeiten des Lebens erprobt wie andere Frisch-Figuren, wie Gantenbein im Spiel oder der sich verweigernde Stiller. Herr Geiser ist ein später Homo faber, ein alt gewordener Bruder Walter Fabers, des vom Schicksal geschlagenen Ingenieurs von 1957. Auch Fabers Leben war ein Nicht-Leben wie das von Herrn Geiser. Frisch schafft mit der *Holozän*-Erzählung eine archaische Situation, die einem abgewirtschafteten Leben entspringt. In seiner Eigenschaftslosigkeit gleicht Geiser der Frisch'schen Bühnenmarionette, welcher «jede Natur geglaubt wird». Der Selbstverlust, die eingebildete Tierwerdung hat eine schockartige Wirkung. Wenn in *Montauk* unsere «Gier nach Geschichten» und damit unsere Gier nach Entscheidungsfreiheit erwogen wird, bleibt dem armen Herrn Geiser nur das Untertauchen im Urgeschichtlichen, im Holozän. Ein bitter bewerteter ewiger Friede.

Das hat diesen Autor seit je ausgezeichnet, und damit war er geschlagen: ein unüberwindliches Gespür für die vorherrschende Zeitstimmung. Er nimmt mit Geiser ein Epochengefühl vorweg, das bis gegen Ende der achtziger Jahre eine Zivilisation beherrscht, die nicht mehr so recht an die Wirklichkeit und schon gar nicht ans Wirken glaubt. Dinge und Begriffe lösen sich auf, gleiten ineinander über, Wissen ist bloß Anhäufung, Forschung bloße «Forscherei», beides trägt zum Horror vacui bei. Das «Sich-selbst-Wählen», die Maxime Kierkegaards, nützt und frommt nichts mehr. Sie zeitigt nichts – nicht weil Geiser alt ist, sondern weil er als Einzelner zur Welt nichts beizutragen weiß. Seine Arbeit war recht eigentlich zeit-vertreibend. Jetzt hat Geiser Zeit und verspürt einen tödlichen Schock darüber. Ein neuer Totengott wird installiert, der Gott der Leere, der Geschichtenlosigkeit. Wenn der Roman *Mein Name sei Gantenbein* mit seinen Travestien, seinen melancholischen Spielen die Krise der Moderne formulierte, so formuliert *Der Mensch erscheint im Holozän* mit seiner Geschichtenfeindlichkeit eine eigentliche Post-Histoire. So war Max Frisch stets den Bewegungen seines, des zwanzigsten Jahrhunderts, auf der Spur.

Wie Geiser hat auch Blaubart, Dr. med. Felix Schaad, alle Zeit der Welt. Seine Praxis ist verkauft, und seine siebte Ehe geht in Brüche. Auch er hat keine Hoffnung auf Zukunft, nur aussichtslose Blicke auf sich selbst. Immerhin regt sich in ihm, wenn nicht ein Lebenszentrum, so doch ein Lebensnerv, der ihn in qualvoller Fühlung hält mit dem Gott, den auch er verraten hat. Der Nerv lässt sich beschreiben: die Schuld gegenüber den Frauen, der Liebe und vor allem dem unüberwindlichen Mittelpunkt in seinem Leben, der Mutter, deren Grab er zum Schluss – gebrochen – ansteuert. Er soll eine seiner sechs früheren Gattinnen, Rosalinde Z., umgebracht haben. Die siebte gibt ihm den Namen Blaubart. Er hat vor Gericht gestanden und ist mangels Beweisen freigesprochen worden. Der Vierundfünfzigjährige hat den Mord nicht verübt, doch hilft ihm der Freispruch wenig: Er kann sich nicht unschuldig fühlen. Seit seinem vierzehnten Lebensjahr habe er nie mehr und nirgends das Gefühl, unschuldig zu sein. Das bekennt er, wie er, wieder einmal betrunken, im Zimmer auf und ab geht. Erst über die Verhöre ist ihm dieses sein Grundgefühl von Schuld bewusst geworden. Dafür bedankt er sich beim Staatsanwalt: «Was Sie in meiner Biographie alles herausgefunden haben, Herr Staatsanwalt, alle Achtung [...]»

Mit grausamer, fast monströser Unversöhnlichkeit ist in diesen späten Büchern alle Lebensfülle ausgemerzt. Hier wird – anstößig genug – herausgestellt, recht eigentlich herausskelettiert, dass schöne Ordnung eine Ordnung ohne Menschen ist. Damit rechte Menschenordnung sich installieren könnte, müssten die Verhältnisse sich von Grund auf ändern. Nicht zuletzt die zwischen Mann und Frau.

Frischs letzte Werke sind Werke des Abschieds. Diesem Rückzug ist die Form zu verdanken, rigorose Verknappung.

10. Behaust – unbehaust: das Dilemma zwischen Architektur und Schriftstellerei

Die Arbeit als Architekt hat Max Frisch definitiv zum Schreiben geführt. Das fertige Haus erfuhr er als Ärgernis, das Haus in der Schrift hingegen verlieh ihm Flügel. Ein solches konnte er minutiös planen und trotzdem in die Luft hängen. Ein Federstrich räumte es weg. Mit erzählten Häusern ließ sich spielen, die gebauten aber starrten ihn an, unverrückbar, in der Kontur nicht mehr zu korrigieren. Hans Mayer hat Frisch als «Baumeister und Zweifler» bezeichnet. Das Wort hat Geltung, wie es gemeint war: metaphorisch. Der Autor war der skrupulöse Baumeister seiner Bücher. Mit welcher Raffinesse er einen Roman zu konstruieren wusste, zeigen insbesondere *Stiller* und *Mein Name sei Gantenbein.*

Frischs leidvolle Auseinandersetzung mit der Wahl zwischen Architektur und Schriftstellerei fand in den vierziger und den frühen fünfziger Jahren statt. Es war die Zeit seiner ersten Ehe, der Geburten seiner drei Kinder. Ab 1946 führte er an der Selnaustraße 16 in Zürich-Wiedikon sein eigenes Architekturbüro. Dessen Gründung bereits hatte ihn in Zweifel gestürzt. In einem Brief an den Freund Werner Coninx ist davon zu lesen: «[…] im Grunde habe ich eine […] Scheu davor. Jedes Büro, auch ein eigenes, bleibt mir mit dem Zwang seiner Wichtigkeiten etwas Verhasstes, mindestens Beängstigendes.» (27.2.1944) 1955 verkaufte er das Büro an seinen Mitarbeiter Hannes Trösch. 1959 wurde die Ehe geschieden.

Den Entscheid, Architektur zu studieren und die brotlose Schreiberei an den Nagel zu hängen, hatte Frisch 1936 im Alter von fünfundzwanzig Jahren gefasst. Er wählte den Beruf seines verstorbenen Vaters, der Autodidakt gewesen war und erfolglos. Der Sohn hatte zu ihm eine «Nicht-Beziehung», wie er sagte. Dessen Beruf aber war ihm von Kind auf vertraut, der einzige, den er gekannt habe. Darauf führt Frisch seine Wahl später zurück.

Er versuchte konsequent zu bleiben, bis an die Schmerzgrenze. Schon während des Studiums an der Eidgenössischen Technischen Hochschule (1940 abgeschlossen mit dem Diplom) hat er zwar wieder geschrieben, aber nur wie nebenbei, kurze Texte, Feuilletons, vor allem für die *Neue Zürcher Zeitung*. Er führte damit die frühere journalistische Arbeit in begrenztem Maße weiter. (Seit 1931 hatte er regelmäßig in Zeitungen veröffentlicht, neben Reportagen und Reiseberichten auch Buchbesprechungen, in der *NZZ*, dem *Tages-Anzeiger*, der Basler *National-Zeitung*.) Mit der eigentlichen Schriftstellerei glaubte er aber abgeschlossen zu haben. 1939 dann Generalmobilmachung, Einrücken zum Aktivdienst. Im Auftrag seiner militärischen Vorgesetzten entstand ein Tagebuch. Das Ergebnis nannte er später *Blätter aus dem Brotsack*. Ungefähr gleichzeitig fing er zu bauen an.

1943 ereilt den jungen Architekten das «große Glück» (Frisch in seinem Dankesbrief an die Behörden). Er gewinnt, als einer von fünfundsechzig Teilnehmern, den städtischen Wettbewerb für das Freibad Letzigraben in Zürich 9. Dieses Projekt hätte ihn beinahe mit dem Brotberuf versöhnt. An seine Mutter schreibt er: «Natürlich ist das Ganze eine herrliche, ja eine begeisternde Aufgabe, wie ich sie mir schöner nicht wünschen könnte; sie ist fröhlich, natürlich, gärtnerisch, leichtmütig – deswegen aber durchaus nicht leicht!» Der Plan betraf kein schwer gemauertes Haus, sondern eine Anlage um offenes Wasser im Grünen. Schon das 1934 erstellte Dolder-Wellenbad hatte den jungen Frisch begeistert, was er im Feuilleton ‹Vom kleinen Meer im Wald› in der *NZZ* (Juni 1935) bekannte: Er sei am Zürichberg durch die Wälder geschlendert und dabei unverhofft auf «ein Rechteck voll warmer Adria» gestoßen. Deren «helles, so lebhaft schillerndes Grünlichblau» habe ihn «überrascht und mit stummem Jubel erfüllt, eine zaubervolle Farbe, die wie das durchsichtige Leuchten eines Juwels daliegt, eingefasst in Wäldern dichten Laubes!» Neun Monate zuvor war der Verfasser von seinen dalmatinischen Wochen am Meer bei Dubrovnik nach Hause zurückgekehrt.

Der Bau am Letzigraben verzögert sich aus Kriegsgründen. Auch muss das Volk noch darüber abstimmen. Erst 1947 wird das Bad eingeweiht werden. Bis dahin gibt's immer wieder freie Zeit im Büro. Der Architekt nutzt sie unter anderem für die Arbeit an Theaterstücken, wozu ihn der Dramaturg Kurt Hirschfeld vom Schauspielhaus Zürich ermuntert. Seine Hinwendung zur Bühne bereitet Frisch ein schlechtes Gewissen. Er notiert: «Theater, damit sich etwas verkörperlicht. Schreiben am Feierabend. Ich will nicht ertappt werden dabei, dass ich im Büro etwas anderes treibe; nur für dringliche Einfälle liegt ein Zettel unter dem Reißbrett. In fünf Wochen das erste Stück, das zweite in drei Wochen.» 1945 findet in Zürich die Uraufführung von *Nun singen sie wieder* statt, 1946 jene von *Santa Cruz. Eine Romanze.*

Das Dilemma hält an! Die Überzeugung setzt sich aber schließlich durch: Gebaute Häuser bedeuten Gefahr. Man kann in ihnen «anhocken, anwachsen, ansteinern», so Frisch im Rückblick, in Philippe Pilliods Videofilm *Gespräche im Alter.* Darum muss man feste Behausungen fliehen, mal da, mal dort wohnen. Max Frisch ist zeitlebens viel gereist, und er hat in vielerlei Wohnungen gelebt, in Zürich und Umgebung, in Rom, Berlin, New York. Immerhin kaufte er im Jahr 1972 eine Wohnung in Berlin, und in Manhattan besaß er während drei Jahren einen kleinen Loft. Von seinem Haus im Tessin wird später noch die Rede sein.

Er hat jedoch nie ein Haus für sich geplant und gebaut, obwohl Zürich der lebenslange, wenn auch in Zweifel gezogene Mittelpunkt seiner Welt war. Er sprach gern von der Vaterstadt und kehrte immer wieder dahin zurück. Sesshaft aber im eigenen Haus wollte er hier nicht werden. Auch in seinen «Arbeitsstädten» – wie er gelegentlich sagte – mochte er kein Haus aufstellen. Als Grund nannte er, dass er es nicht aushalten würde, «immerfort in einer eigenen Konzeption zu leben». Ein erstaunlicher Verzicht, wenn man mit anderen erfolgreichen Schriftstellern vergleicht, mit Friedrich Dürrenmatt etwa, der sich am Hang über Neuenburg so etwas wie eine Burganlage errichtete, Flügel um Flügel.

Sogar als er noch Architekt war, 1953, befürwortete Frisch für sich das Mieten. In einer ‹Glosse zur schweizerischen Architektur› schrieb er: «Ich bin ein Städter, ich bin ein Mieter und kein Bauer, der auf eigener Erde lebt, also ein Nomade.» Das Thema Hausbau und Wohnen reißt in ihm eine Problemzone auf zwischen Horror, Glück und Panik vor beidem. Es führt mitten hinein in den Widerstreit von Geborgenheit und Freiheit. Das Spannungsfeld um Behausung und Ungebundenheit erweist sich in der Folge als eine seiner zentralen Reflexionsebenen.

Ein Haus kündet von Innerlichkeit, sogar in seiner äußeren Ansicht, meint Gaston Bachelard in *Poetik des Raumes* (1987). Innerlichkeit ist Frisch suspekt. Kommt Innerlichkeit auf, muss er sie sprengen oder gründlich abkühlen. Häuser gaukeln einem «künstliche Paradiese» vor, sagt der französische Kulturphilosoph weiter. Solche Paradiese prangert der Aufklärer Frisch in ihrer Falschheit an, nicht zuletzt im eigenen Leben. Ein Hausbau käme einem Selbstbetrug gleich. Die Gründe für den Verzicht berühren jene fragile Seelenkonstellation, aus der heraus das literarische Werk geschaffen wurde.

Ein Werk, das er nicht ändern kann, stürzt Frisch in Unsicherheit. Deshalb misstraute er der Architektur, sobald er sie selber zu verantworten hatte. Wie er als diplomierter Architekt, dipl. Arch. ETH/SIA, zu bauen anfing, erkannte er rasch, dass ihn die Arbeit im Entwurf mehr faszinierte als in der Vollendung. Frischs spätere Leidenschaft für die Städteplanung verrät die gleiche Vorliebe für das offene, das unausgeführte Projekt. Die architektonische Vision gefriert vor seinen Augen zum Kompromiss, wenn es ans Realisieren geht. Scham überfiel ihn angesichts seines ersten vollendeten Bauwerks, eines Einfamilienhauses in Arlesheim. Es handelte sich um ein Auftragswerk für seinen acht Jahre älteren Bruder Franz, der in Basel als Chemiker tätig war. Nach der Fertigstellung 1942 schreibt Frisch ein lockeres, poetisches Feuilleton: ‹Das erste Haus. Notizen eines Architekten› *(Neue Zürcher Zeitung)*.

Er erinnert sich an die Besichtigung des Grundstücks zu Beginn des Krieges: Man ging zwischen Weinstöcken. Da wo der Architekt, Soldat auf Urlaub, seine Mütze an die Rebstecken hängte, sollte die Hausecke hinkommen. Von der «unverbindlichen Vielfalt des Möglichen» erregt, habe er wie ein Verrückter mit dem gelben Meter in der blauen herbstlichen Luft herumgezeigt. Die Räume hingen in seiner Phantasie bereits über den Weinreben. Das sei die schönste Bauphase gewesen, weil das Haus noch gar nicht stand. Dem Architekten schwebte es vor Augen, «wie es nicht gerade ein anderes auf der Erde gab, hatte es doch Aussicht durch alles hindurch, voll von einer milden [...] Sonne, die auf keine Wände traf [...] Obstbäume in den Tapeten». Der Entwurf gaukelt ein Traumhaus vor, der Architekt erweist sich als Dichter.

Die nächsten Phasen sind nicht minder aussagekräftig. Monate später erfolgt etwa die erste Inspizierung der Baugrube. Der Schrecken über die Verheerung der Landschaft könnte nicht heftiger ausfallen: «Fort die Reben, zerrissen die grüne Friedlichkeit des Geländes […], das war nun der erste Schritt zur Verwirklichung: wie der Einschlag einer Bombe, nichts als eine große Wunde von brauner klaffender Erde.» Der Architekt als Zerstörer: Die Kriegsmetaphorik spricht für sich. Auch wenn er kurz «das Befreiende eines in die Tat umgesetzten Entschlusses» streift, beendet der Autor seine Skizze mit einem neuen beschwörenden Rückblick auf jene glückliche Etappe, als das Haus erst im Kopf existierte, als es «ein Haus noch aller unverpasster Möglichkeiten» war.

Dieser Bericht taucht fast wörtlich im Roman *Die Schwierigen oder J'adore ce qui me brûle* wieder auf. Hier allerdings kommt nicht nur der Architekt zu Wort, sondern auch der Bauherr Hauswirt. Beim ersten Augenschein hat dieser etwas Mühe, den Phantasien seines Architekten zu folgen – eine famose Szene! Eigentlich sah Hauswirt nichts als einen Abhang voll verwahrloster Reben und darin den begeisterten jungen Mann, wie dieser Ecken und Wände zeigte, wo nichts als Luft war. Er schwärmte von Räumen, die bereits über den Rebbergen hingen und «gewissermaßen nur noch einzufangen und einzumauern waren». Dann aber ging er wieder wie ein Zauberer mitten durch ebendiese Mauern, «die er frech ins Blaue behauptete», und mit einer einzigen Handgebärde löschte er alles wieder aus.

Sogar über das Projekt, das ihm am Herzen lag, das Schwimmbad, schrieb Frisch im ersten Tagebuch unter dem Titel ‹Letzigraben›, es sei ihm am ganzen Bauen eigentlich das liebste: «Rohbau, bevor die Dächer gedeckt sind. Backstein und Holz, lauter Räume voll Himmel, den man durch alle Stockwerke sieht.» Jetzt, da der Kubus errichtet ist, betont er, dass der Baukörper noch durchsichtig ist. «Der Raum, wo ich stehe, hat zum letzten Mal die Sonne, zum letzten Mal mindestens für Jahrzehnte.»

Panik angesichts einschließender Wirklichkeit: Frischs literarisches Hauptthema gründet im Trauma des jungen Architekten.

Diesem bedeutete es nicht zuletzt auch eine Qual, seine Vorstellungen einzugrenzen und an gegebene Umstände anzupassen. Davon aber ließ sich wenigstens reden und vor allem ließ sich darüber schreiben. Da lag Stoff verborgen für den alten Beruf, die Schriftstellerei. Entgegen seiner eigentlichen Absicht kommt Frisch immer entschlossener auf diesen zurück. In seinen literarischen Werken aber lässt er dann gern Architekten auftreten, wie etwa in der Erzählung *Bin oder Die Reise nach Peking* (1944). Der Architekt spricht dort vom «Hohn der Verwirklichung». «Alles Fertige» höre auf, «Behausung unseres Geistes» zu sein. So stehe es zuletzt da, unser Werk, «steinern und fremd, [...] ein für allemal [...] trostlos».

Immer wieder wird der Schriftsteller auf diese entscheidende Erfahrung zurückgreifen. Im Radiodialog ‹Der Laie und die Architektur› (1954) beklagt der Architekt die Bauvorschriften als Einengung des schöpferischen Denkens: «Ich laufe Gefahr, [...] auf fachmännische Weise zu verdummen, [...] ich denke nur noch innerhalb gewisser Grenzen, innerhalb der Konvention.» Wenn er vor seinen Baugruben stehe, erschienen sie ihm wie ein Grab.

Ein USA- und Mexiko-Aufenthalt im Jahr 1951/52 wecken unbändige Zukunftsfreude, die Lust, den kleinen Maßstab zu sprengen. Dieser nämlich sei eine «Sache auch der Gewöhnung»! Auf jener Reise wandelt sich Frischs Architekturverständnis. Statt Anpassung an die Natur betont er nun die Geometrie, die Künstlichkeit der Bauformen. Doch wird er seine neuen Anschauungen, die innere Umkehr insgesamt, weniger für die Architektur als für die nun stets dominantere Literatur fruchtbar machen. Nach dem Verkauf seines Architekturbüros widmet er sich nur noch selten architektonischen Aufgaben. In der Schweiz, wo der Mut zur Veränderung fehle, wo man einer stur hochgehaltenen Vergangenheit und einer versteinernden Gegenwart huldige, will der Architekt Frisch nicht bauen, auch nichts Eigenes.

Einmal noch wagt er, zusammen mit Lucius Burckhardt und Markus Kutter, einen hochgemuten Vorschlag. In der gemeinsam abgefassten Broschüre *achtung: Die Schweiz* (1955) fordert man denn auch explizit eine «Tat». Man will aus der bloßen Rhetorik ausbrechen und zu einem konkreten Projekt aufrufen, das dem Land einen Weg in die Zukunft öffnen sollte: die Neugründung einer Stadt. Es gebe hierzulande keine Planung: «Die Schweiz scheint nicht zu wissen, was sie will, und überlässt ihre Zukunft der glücklichen oder unglücklichen Hand ihrer Beamten.» Das Ergebnis sei erschreckend: ungeordnete, wild wuchernde Siedlungen. Eine «Musterstadt», eine «Versuchsstadt» müsse her – eben ein Laboratorium von Jetztzeit und Zukunft: «[...] irgendwo in unserem lieben Land der Freiheit stecken wir vier Stecken, die etwa drei oder vier Quadratkilometer umzirken, und bauen endlich die Stadt, die der Schweizer braucht, um sich in diesem Jahrhundert einzurichten.» Die mit Pathos vorgebrachte Vision erntete ein bisschen Zustimmung, vor allem aber Häme. Das Echo war nicht dazu angetan, die Entwerfer mit der konservativen Schweiz der fünfziger Jahre zu versöhnen.

Im Jahr zuvor ist der Roman *Stiller* erschienen. Stiller, der Bewegliche, Aufbruchbereite, den das Vaterland bei seiner Heimkehr ins Gefängnis steckt, spricht die aufmüpfigen Gedanken seines Erfinders, des Schriftstellers Max Frisch, aus. Jede als unumstößlich deklarierte Tatsache wird Gegenstand seiner wortreichen Attacken. Etwa im Gespräch mit einem «ehedem jungen Architekten», der ihn im Gefängnis besucht und behauptet, ein alter Freund zu sein. «Heute ein Mann der Karriere» und «als Arrivierter natürlich von betonter Kameradschaftlichkeit», erkundigt er sich nach Stillers Befinden. «Danke», sagt dieser, «wer sind Sie?» Willi Sturzenegger, leicht indigniert, hat natürlich kein Problem mit seinem Namen, nimmt die Verweigerung des Rückkehrers aber «fidel». Dieser bequemt sich, auf Sturzeneggers Fragen zum Neuen Bauen in der Schweiz einzugehen. Der erwarte natürlich ein Lob, und er, Stiller, sage denn auch alles, was er guten Gewissens rühmen könne: «[...] wie sauber sie hierzulande bauen, wie sicher, wie schmuck, wie gediegen, wie seriös, wie makellos, wie gewissenhaft, wie geschmackvoll, wie gepflegt, wie gründlich, wie ernsthaft und so weiter, alles wie für die Ewigkeit.»

All dies gibt Sturzenegger zu, vermisst aber Begeisterung. Den Hohn durchschaut er nicht, auch dann nicht, wenn Stiller ergänzt: «säuberlich, nett, putzig» und noch anfügt, es sei immer heikel, «ein fremdes Volk» zu deuten.

Dann aber überschlägt er sich mit wütenden Angriffen auf ebendieses Volk, indem er vom «Begriff der materiellen Qualität» ausgeht, der als höchster Wert an dessen Architektur abzulesen sei. Von Zukunfts- oder auch nur Gegenwartsbewusstsein finde man keine Spur. Geschäftshäuser würden im Maßstab des sechzehnten oder siebzehnten oder achtzehnten Jahrhunderts gebaut, Eisenbeton mit Quadern aus Sandstein getarnt, «echten Erkerlein aus dem Mittelalter». Man baut eine «Idyllik, die keine ist». Einem schweizerischen Städtebauer wird jede Kühnheit ausgetrieben, da dieses Land sich nicht in eine Zukunft hinein entwerfe. Neben der einseitigen Denkmalpflege in der Altstadt müsste man «in geziemendem Abstand [...] die Stadt unserer Zeit» bauen, eine Musterstadt. Stiller alias Mr. White, der Heimkehrer aus Amerika, nimmt vorweg, was ein Jahr später, im schmalen roten Büchlein *achtung: Die Schweiz* gefordert wird. Von der materiellen Perfektion gelangt Stiller/White zum Verzicht auf das Wagnis, zur «Gewöhnung», die im geistigen Bezirk «ja immer den Tod» bedeute. Die schweizerische Atmosphäre habe heute etwas Lebloses und etwas Geistloses. Das Land leide an einer «Impotenz sogar der Phantasie». «Bleiben wir bei der Architektur!», mahnt Sturzenegger. Stiller lenkt ein, aber auch im nachfolgenden Gespräch über die Zürcher Stadtplanung stößt er alsbald zornige Verdikte wie «Imitation» und «Mumifikation» hervor. «Mumifikation» gebe sich als Heimatschutz aus. Die Kritik an der Schweiz beginnt bei Frisch oft bei deren Bauten und Baureglementen.

Doch Frisch, der nicht Stiller ist, lässt seine Figur an ihrer eigenen Widersprüchlichkeit scheitern: Der Prophet des Wandels wird sich am Ende festnageln in einem hässlichen Haus und sich so selber mumifizieren.

Ein Haus kann einen also einlochen, man schlägt Wurzeln darin und vermoost: So verhält es sich mit Stiller. Am zersiedelten Hang von Glion hat er «das Haus seines Lebens» gefunden, wie er sich beschönigend in einem Brief an seinen «Freund und Staatsanwalt» ausdrückt. Einer Beurteilung durch diesen Freund hält es jedoch so wenig stand, dass man – denkt man von Frisch aus – von einer masochistisch herbeigeführten schlimmstmöglichen Wendung des Romans reden muss. Stiller hat mit dieser Bleibe, einem verlotterten Kitschchalet mit Jugendstiltürmchen, sein Grab zu Lebzeiten gefunden. Auch das tastsächliche seiner Frau Julika, die binnen kurzem an Krebs stirbt. «MON REPOS» steht auf falschem Marmor am rostigen Gartentörlein angeschrieben. «Ein Schwyzerhüsli», befindet der Staatsanwalt. Im Innern riecht es nach gestockter Zeit. Stiller, müde geworden, will nichts anderes mehr als den Stillstand. Er bittet «nur darum, dass der morgige Tag so sei wie der eben vergangene». Auch wenn er um Besuch bittet, «bevor das alte Gemäuer zerfällt, das Moos meine Füße überwuchert».

Mit aller Deutlichkeit hat der Autor erkannt, dass Häuser nur in der Literatur leicht genug gebaut sind. Der enttäuschte Architekt hat sich definitiv zum Schriftsteller gewandelt. Und in diesem sitzt nicht nur ein Misstrauen der Architektur gegenüber, sondern in deren Verlängerung ein tiefer Zweifel an der Beschaffenheit der Welt.

Das Wirkliche birgt in sich selbst den Untergang. Diese barocke Erkenntnis setzt Max Frisch an den Anfang seines bewussten Lebens. ‹Der erste Kuss›, ein unbekannter, reizvoller Text, redet vom höchst zweifelhaften Schutz, den Hausmauern bieten. Er erscheint im Sammelband *Als ich noch ein Bub war. Jugenderlebnisse Schweizerischer Dichter und Schriftsteller* (1938). Frisch findet für seine Unsicherheit «ein kleines Sinnbildchen». Er erzählt, wie er als Junge auf dem Sofa lag und in der Tapete einen Riss entdeckte, gleich unter der Uhr. Die Mutter, die in der Stube saß, habe weitergestrickt und beiläufig bemerkt, ein solcher Riss werde mit der Zeit immer breiter. Das erschreckte Kind malt sich aus, wie der Schaden mit jeder Minute, die da tickt, ein wenig größer wird. Der Sechsundzwanzigjährige, der die Geschichte niederschreibt, erinnert sich, dass ihn seither der Gedanke verfolgt hat, «wie schließlich die ganze Hauswand, gleichsam wie ein großer Karton, einmal auf die Straße hinausfallen müsste; wie unsere gemütliche Stube, es war damals die erste und einzige in meinem jungen Leben, [...] plötzlich allen fremden Blicken und allen Winden offen wäre». Es war der erste Riss durch eine Welt, in der sich der Knabe «bisher ganz sicher, ganz aufgehoben und geborgen, ganz zweifellos gefühlt hatte». Und jetzt, da er sich erinnere, gehe dieser Riss durch alles hindurch: «durch alles, was ich empfinde, was ich denke, was ich versuche.»

Riss und Rutschgefahr bedrohen vierzig Jahre danach Herrn Geiser, Frischs späten Helden. Der pensionierte Chemiker aus Basel sitzt bei Dauerregen fest im Tessiner Bergtal. Den Spalt in der Felswand hinter dem Haus redet er sich aus, doch sind die Risse im Gartengelände nicht zu übersehen. Die selbsterrichtete Trockenmauer bricht ein – auch das ein «kleines Sinnbildchen». Herr Geisers Existenz wird demnächst in sich zusammenfallen, zuerst geistig, dann leiblich. Nach der panikartigen Flucht aus dem Haus und der resignierten Rückkehr wölbt sich am Schluss blauer Himmel über dem leeren Tal. Das Haus hat ausgedient und Herr Geiser den Kampf damit verloren. So endet die Erzählung *Der Mensch erscheint im Holozän.*

Häuser haben mit der Mutter zu tun. Das Medaillon von Karolina Frisch-Wildermuth als schöne junge Frau mit empfindsamen Zügen zierte bis zuletzt die Wände der wechselnden Wohnräume des Sohnes. *Im übrigen bin ich immer völlig allein*, der im Jahr 2000 herausgekommene Briefwechsel von 1933, zeigt die Mutter als Mittelpunkt im Leben und Denken des jungen Frisch. Nach dem Tod des Vaters fährt der Zweiundzwanzigjährige als Journalist in die Welt hinaus, gelangt von Prag über Ungarn und Bosnien bis nach Dubrovnik – oder Ragusa, wie er lieber sagt. Dort macht er vorläufig Station. Ende April hat er südlich der Stadt direkt an der Meeresküste eine Unterkunft gefunden, die Pension Solitudo. Mit der in Zürich in einer schattigen Wohnung zurückbleibenden Mutter werden neben den Reiserouten fast ausschließlich Geld- und vor allem Wohnungssorgen erörtert. Von Ragusa aus macht er einen Vorschlag, der bis ins Detail ausgearbeitet ist.

«Mägi» oder «Mäxelein» – so spricht ihn die Mutter an – beschwört in einem achtseitigen Brief sein «liebstes mutterli», mit ihm das Leben in seinem Traumhaus zu teilen – wenigstens vorläufig von Juli bis Ende Jahr, wie er hinzusetzt. Ragusa sei die zivilisierteste Stadt Dalmatiens, sonst würde er vielleicht eine Insel vorziehen, wo man noch günstiger wohnen könnte. Dort aber hätte es für sie «keine coiffeursalons, kaffeehäuser, ärzte und so».

Die Villa weist mehrere Terrassen auf, wo man isst oder liest oder auf das Meer hinausschaut. Das Haus als große Wiege: In Licht und Luft und am «schwerblauen» Wasser würde es seine einschließende Dimension verlieren. «Es wäre mir», so der Briefschreiber, «eine bleibende freude, geliebtes mutti, wenn ich dir einmal eine solche schönheit bieten könnte.» Sie solle sich ja von niemandem abhalten lassen, «wir gestalten unser leben nach unserem gutfinden». Mit seinem umfassenden Plan ist er gescheitert. Die Mutter wagt die Reise nicht. Das «so schöne Project» habe sie einfach überrumpelt.

Der Sohn reagiert zuerst mit Wut auf das «zurückgewiesene Heimweh» und entschuldigt sich dem «allerliebsten mutti» gegenüber wenig später. Sie möge tausendmal verzeihen und ihm nichts nachtragen. Sonst könnte er sich an nichts mehr erfreuen: «[...] du kannst dir vielleicht nicht vorstellen, wie innig ich hange an dir, liebstes Mutti, und wieviel ich an dich denke [...] an dich und unsere Zukunft.»

Er erhofft sich für den Herbst in Zürich ein trautes Leben zu zweit – ohne störende Tante, die jetzige Hausgenossin, auf deren finanzielle Hilfe man freilich angewiesen ist. Er bittet die Mutter, eine sonnige kleine Wohnung für sie beide zu suchen: «Ich werde deinen Geschmack haben.»

Das Thema Haus und Wohnung ist eng an die Mutter gebunden. Fortan wird es für Frisch in der Spannung stehen zwischen dem ersehnten Gefühlskäfig und dem nicht weniger ersehnten Vagabundentum, einem Dasein, das er 1933 mit Erfolg ausprobiert hat. Weil eine Geliebte nicht die Mutter sein kann, werden künftig alle seine Wohnstätten einem fundamentalen Zweifel unterworfen bleiben.

Im Alter von vierundfünfzig Jahren wagt sich Frisch dann doch an ein eigenes Haus. Im Tessin, im abgelegenen Onsernonetal, erwirbt er ein baufälliges Anwesen, ein Bauernhaus aus Granit, und baut es um. Es dient als Notlösung gewissermaßen, als Feriendomizil, in dem sich arbeiten lässt, und wo man sich amtlich registrieren lassen, Gäste empfangen kann. Es war ein Versuch zur Dauer: Frisch erstand das Haus in Berzona, als er mit Marianne Oellers eine zweite Ehe einging. Auch wenn man es nur sporadisch bewohnte, bot es Anlass zu heftigen Infragestellungen, die sich nicht zuletzt im Werk niederschlugen, in *Montauk* und in *Der Mensch erscheint im Holozän.*

Vor allem aber auch im *Tagebuch 1966–1971.* Die letzte längere

Eintragung darin ist einer gedrungenen Säule gewidmet, die einen kleinen Balkon unterteilt. Diese Säule zeigt die ganze Ambivalenz des Hausbesitzers und Tagebuchschreibers seinem festgefügten Bau gegenüber. Sie erzählt ihm die Geschichte ihres Urhebers und verrät dessen nicht gerade glamouröses Schaffen. Der sie aus Granit einst gehauen hat, war kein Genie. «Grob» und «brav» überführt sie ihren Urheber, den anonymen Steinmetz aus dem Onsernonetal. Sie verrät seinen Mangel an Visionen, erweist ihn als einen Mann, der nichts erfunden habe. Etwas bauchig in der unteren Hälfte, ist sie «überhaupt nicht glücklich in den Proportionen». Der Kranz unter dem Kapitell hat zwar einen klassischen Anstrich, aber auch er sei zufällig-prall «wie eine Wurst». Er stellt sich vor, wie der Steinmetz sommers bei fremden Herrschaften gehauen hat, natürlich unter einem Meister. Den Winter verbrachte er zu Hause, wo er den Pfeiler für seine eigene Loggia gefertigt haben dürfte. Vermutlich war er stolz darauf.

Das in Stein Gemeißelte hat eine Neigung zur Unverrückbarkeit, zum Tödlichen letztlich. Die materialisierte Form denunziert den Formgeber. Er bleibt identifizierbar, auch wenn er längst das Zeitliche gesegnet hat wie der unbedarfte Steinmetz. Eindeutigkeit – sichtbar, fassbar – war Max Frisch zeitlebens ein Dorn im Auge. Daran krankte sein Verhältnis zu seinem erlernten Beruf, der Architektur. Stets sieht man ihn auf der Suche nach Vieldeutigkeit, dem offenen künstlerischen Ausdruck. Wenn andere am Horror vacui leiden, so sitzt ihm der Horror vor der unveränderbaren Wirklichkeit in den Knochen. Zur Funktion des Wirklichen gehöre die Funktion des Unwirklichen, hat Gaston Bachelard in der *Poetik des Raumes* festgestellt: «Eine Verkümmerung auf seiten der Funktion des Unwirklichen hemmt die produktiven seelischen Vorgänge.» Die Einbildungskraft sei blockiert, wenn sie sich nur an das Wirkliche und damit an die Vergangenheit halte. Erst über das Unwirkliche erreiche sie die Dimension der Zukunft. Dieses «Unwirkliche» von Bachelard nannte Frisch «Möglichkeit». Sie ist es, die ihm beim Schreiben vorschwebt, sogar in *Der Mensch erscheint im Holozän*: als deren Fehlen.

Dieser Autor hat ein zwiespältiges Verhältnis zur geschaffenen Tatsache. An ihr reibt er sich wund. Davon zeugt auch die Fernsehaufzeichnung *Gespräche im Alter*, die Philippe Pilliod 1985 (1987 auf Videokassette) in Berzona gedreht hat. Frisch sitzt an ausgesuchten Orten seines Besitztums, draußen am Granittisch, bei der Säule in der Loggia, im klaren, hellen Wohnraum beim Kamin – Plätze wie gemacht für die ruhige Dauer. Der Befragte betont sein schwieriges Verhältnis dazu. Eben, man könne hier «anwachsen, anhocken, ansteinern». Das Haus in Berzona stand immer wieder leer; nach der Scheidung von seiner Frau sei es zuerst vergammelt, dann habe er es wieder instand gestellt. Die Mietwohnung in Zürich behielt er bei.

Frisch kannte die Verlockung, sich in der steingewordenen Verlassenheit einzurichten. Stillers «Haus des Lebens» – ein Sterbeort – war schließlich, gut dreißig Jahre zuvor, seine eigene Erfindung. Und den armen Herrn Geiser hatte er vor nicht allzu langer Zeit in der gleichen tessinischen Gebirgswüste verserbeln lassen.

Im Film nun ist ein wunderliches Mahnmal zu sehen, eine Art Memento mori: eine lebensgroße Puppe lehnt an einem Steintisch im hohen Gras und trägt Frischs Kleider. Vor sich hat sie eine Flasche und ein Glas stehen, neben sich eine Sense. *Er* habe diesen Toggel im vorigen Sommer gefertigt, als er beim Mähen wieder einmal gescheitert sei, antwortet Frisch. Er wisse, dass einem eine solche Puppe die Haut abziehen könne, wie in der Sage. Doch wolle er sehen, wie sie's so treibe. Sie habe einen harten Winter hinter sich. Der Toggel bleibt, der Hausherr betont, er reise immer wieder weg.

Seine Asche wurde im Sommer 1991 auf dem Grundstück in Berzona verstreut.

Zwanzig Jahre später gelangen wir in ein Frisch-Haus, wie es bezaubernder nicht sein könnte. Im letzten Kapitel der im Jahr 2010 erschienenen *Entwürfe zu einem dritten Tagebuch* skizziert es der Erzähler im Café Fanelli in New York: «Ich hocke an der Bar (Alice hat ihre Probe in der Loft) und ich zeichne den Grundriss der hölzernen Villa mit den dreizehn Zimmern – früher war ich Architekt.» Frisch lebt anderthalb Jahre lang, von 1982 bis 1983, mit der Amerikanerin Alice Locke-Carey zusammen, der aus *Montauk* bekannten Lynn. Für die «Paarschaft» habe er die Wohnung an der Prince Street Ecke Mercer Street in Soho gekauft, wird zu Beginn vermerkt. Alice erteilt dort auch ihre Kurse. Er flieht unterdessen in die Bar nebenan und hängt seinen Phantasien nach, solchen, die ihn – wie im Stück *Triptychon* – in ganz andere Räume führen. Auf einer Autofahrt in New England hatte er von fern ein Haus erblickt, zu dem er in Tag- und Nachtträumen zurückkehrt. Es wird das schönste und das unbeschwerteste Heim, das er je besessen hat. Wenn auch nur im Kopf. Es liegt in der Nähe eines Sees, der im Osten als schmaler Streifen schimmert. Er ist noch nie da hingegangen: «Vielleicht ist es ein Sund! – und der Himmel, den ich von der Veranda aus sehe, ist Himmel über Meer […] Warum frage ich niemand?»

Er fragt niemanden, weil dieses Haus ihm allein gehören soll und es vielleicht gar nicht ganz von dieser Welt ist. Dass es am Meer liegen möge, ist Teil seiner ältesten Wünsche. Er nennt es sein «Lebensabendhaus», in dem er am Kamin sitze und nicht wisse, was er denke. Einsam ist er nicht. Alte Freundinnen wie Alice tauchen gelegentlich auf. Sie reitet auf dem Pferd, das auf der Wiese weidet. Dann geht sie wieder. Das Haus ist von Birken umgeben, mit Nebel und im Winter vielleicht mit Schnee. Gäste, auch die Toten, die sich auf seiner Veranda versammeln, fragen sich, wieso er nicht in der Toskana gebaut habe. Er weiß es auch nicht. Das Haus gehört nun einmal zur Luft von Neuengland, obwohl es auch in Russland liegt, wohl der Birken wegen, und obwohl gelegentlich Tschechow auftaucht. Das Streichen der Fensterläden und der fünf viktorianischen Säulen beschreibt der Tagebuchschreiber als Hauptaufgabe seiner späten Jahre. Das scheint weniger beschwerlich als das Mähen in Berzona. So hat Candide, skizzierend in der New Yorker Bar, doch noch einen Garten gefunden: einen Garten, an dem er nicht scheitert und in dem sein geisterhaftes Zuhause steht.

11. Kunst gegen Parolen: die New Yorker Poetikvorlesungen

Als im Jahr 2008 die New Yorker Poetikvorlesungen erstmals auf Deutsch erschienen, war es, als redete Max Frisch aus dem Grab. Als mischte er sich ein. In den beiden Vorlesungen tat er dies jedoch ganz anders, als es derzeit von ihm behauptet wird. Allenthalben wird nämlich der Ruf wiederholt, die Schriftsteller müssten wieder politisch werden, nicht bloß in Bildern und Zeichen, sondern lautstark, mit wuchtigen Parolen. Wie wir sie von Frisch vernommen hätten oder von Dürrenmatt. Ein solches Engagement stellt Frisch in diesen Texten nicht grundsätzlich in Frage. Er meint nur, mit Kunst habe das noch nichts zu tun. Der eine Autor äußere sich eben politisch, Brecht zum Beispiel, der andere nicht, Beckett zum Beispiel. Solcher «Meinungen» wegen den einen gegen den anderen auszuspielen, sei ein außerkünstlerisches Argument. Der zweite seiner Vorträge vom November 1981 gipfelt denn auch in einem flammenden Plädoyer für die Kunst, die reine Kunst. Für *seinen* Begriff von Kunst, die er hier Poesie nennt.

Max Frisch war nicht Marion, der Puppenspieler. Anteil aber hatte er an ihm, wie auch an allen anderen seiner Gestalten. Der melancholische Künstler Marion stand einst, im *Tagebuch 1946–1949*, für das, was der junge Autor am eigenen Leib mit seinem Schreiben erfuhr. In New York, wohin Frisch 1981 für anderthalb Jahre gezogen war, durfte der Siebzigjährige wieder ein bisschen jener Marion sein, verletzlich, verquer, auf Tod und Leben ans Spiel mit seinen Figuren gebunden. Dieses Spiel bannte ihm das Chaos des Alltags, das er sonst nicht ertragen hätte. Statt Chaos sagte Marion einst auch Labyrinth, Schrecken der Existenz, draußen und im Innern.

Allein im leeren Schauspielhaus sitzend, starrte der Tagebuchschreiber einmal in den dunklen Bühnenraum und erkannte, dass «nichts so anregend ist wie das Nichts». Erst in der Absichtslosigkeit kommt die Imagination in Gang. Da Marions Kunst dem «Ursprung» entsprang, sollte sie zugleich die Routine des Kulturbetriebs bannen, seine falsche Feierlichkeit. Im Tagebuch jener vierziger Jahre ist dieser Betrieb verkörpert im geschniegelten Cesario, einer satirischen Darstellung des Kritikers Eduard Korrodi. Man gab sich in Zürich damals unanfechtbar klassizistisch, auch wenn Europa in Trümmern lag.

Gescheiter werde man nicht mit zunehmendem Alter. Diese Auffassung vertritt der Schriftsteller in New York, der Stadt seiner Freiheit. Wenn er in den Vorlesungen zitiert – er hält sie am New York City College –, dann vor allem aus jenem Tagebuch, dessen erster Teil zunächst als *Tagebuch mit Marion* erschienen war. Der Titel *Schwarzes Quadrat* variiert das frühe Bild des finsteren Bühnenrechtecks, die Leere als Ursprung.

Die beiden Vorträge sind fast dreißig Jahre, nachdem sie gehalten worden sind, in der Sprache herausgekommen, in der sie geschrieben wurden. Wie Peter Bichsel im Nachwort darlegt, hat Frisch beim Schreiben an die kommende Übersetzung ins Englische gedacht. Der Duktus klinge etwas einfacher als sonst. Auch finden sich amerikanische Einschlüsse.

Auch freier klingt der Duktus, möchte man beifügen. Denn in der Schweiz hätte Frisch in jenen Jahren so nicht gesprochen. Warum nicht?

Er beschwert sich in Amerika über ein neues Diktat, das die Kunst seit den sechziger Jahren in Europa terrorisiere. Das schlimmste Urteil über einen Schriftsteller laute, seine Literatur sei privat und trage nichts bei zur Veränderung der Gesellschaft:

«Dieser Vorwurf hat mich erschreckt.» Er wisse mit Sicherheit, dass er nicht Schriftsteller geworden sei aus Verantwortung gegenüber der Gesellschaft. Gewiss, auch in New York nimmt er seine früheren politischen Stellungnahmen nicht zurück und liefert gleich ein Beispiel, indem er eine seiner Attacken zitiert – jene gegen den faschistischen Putsch der Generäle in Griechenland (wobei auch die *NZZ* ihr Fett wegbekommt). Doch dabei, betont der Autor, handle es sich um «Meinungen» und nicht um Literatur.

Zwei Jahre vor dem New Yorker Auftritt war *Der Mensch erscheint im Holozän* herausgekommen, die verzweifelte Geschichte des verwirrten Herrn Geiser im regenkalten Tessin. In den USA war sie bejubelt worden, in der Schweiz und in Deutschland weniger. Sie wurde als nicht ausreichend politisch empfunden. Kunst fiel hier weitgehend zusammen mit «gesellschaftlicher Relevanz». Eine neue Doktrin hatte die alte Klassikerpflege abgelöst.

So weit also die Ausgangslage in New York. Wie wirkt die Begegnung mit einem neuen Text von Max Frisch Jahre nach seinem Tod? Elektrisierend und verblüffend. Da ertönt sie wieder, die scharfe Diktion, die einem im *Tagebuch 1966–1971*, in *Montauk* und *Blaubart* in Ohr und Hirn gefahren ist. Da ist es wieder, das schneidende Denken, das Abrechnen, vor allem mit sich selber. Und dann im Gegenzug das: die bewegende Verteidigung der poetischen Existenz, einer fragilen und gefährdeten Verfassung. So sprach einst Marion. Im ersten Vortrag, ‹The Writer's Journey: from Impulse to Imagination›, setzen die Gedanken zur Unersetzbarkeit der Kunst den Kontrapunkt zu den Abbreviaturen der Gegenwartsanalysen.

Der Poet Max Frisch harrt lange schon der Wiederentdeckung. Man stößt auf ihn, wo immer man bereit ist, die Augen zu öffnen, von *Jürg Reinhart* und den *Schwierigen* über *Stiller* bis zum Spätwerk. In New York hat er das Manifest dazu geliefert, genannt *Schwarzes Quadrat.* Schon die Berufung auf Kasimir Malewitschs Bild von 1915 zeigt den radikalen Zug von Frischs Kunstbegriff. Er pocht auf die Autonomie der Literatur, hat es im Grunde immer getan. Der verkappte Romantiker Frisch, der im Schreiben «sein Urganzes» sucht, der Traum und Dichtung zusammenführen möchte, beharrt darauf, das Kunstwerk sei eine «Existenz per se». Man halte die Feder hin und werde geschrieben. So besteht sein New Yorker Manifest in einer großen Anklage gegen die Funktionalisierung der Kunst. Sie stehe in niemandes Dienst. Sie sei «unbrauchbar» und müsse daher auch nicht «von einer analphabetischen Mehrheit gewählt werden». Jede Kollaboration der Kunst mit der Macht, auch mit einer demokratischen, ende «mit einem tödlichen Selbstmissverständnis». «Kunst als solche ist transzendent», lautet einer der letzten Sätze. Wo immer sie Interessen diene, verkaufe sie ihre Transzendenz. In New York, hoffte der Autor, würde man das Glaubensbekenntnis vielleicht hören.

12. Tod und Weiterleben. 1991. 2011

Der Tod. Aus einem Nachruf von 1991: Dass wir einmal ohne Max Frisch auszukommen haben würden, ohne seine Präsenz in diesem Land, daran hatte man oft gedacht. Man wusste von der Krankheit und der kurzen Frist. Dennoch scheint es einem unmöglich, sich mit dem Tod einfach abzufinden. Der Verlust reicht zu weit in unsere private und öffentliche, in unsere künstlerische und ethische Erfahrungswelt hinein.

Eine ganze Epoche hat im Werk dieses Schriftstellers, in seinen Tagebüchern, Romanen, Stücken, ihren Ausdruck gefunden. In der Vielfalt seiner Figuren und ihrer Geschichten, in ihren Wünschen, Traumata und Halluzinationen spiegelt sich das westliche Nachkriegszeitalter von den vierziger bis zu den achtziger Jahren.

Im *Tagebuch 1946–1949* hat der Schweizer das ruinierte Deutschland als einer der Ersten in der deutschsprachigen Literatur – mit ebenso analytischem wie sinnlichem Zugriff – gesehen und erzählt. Nachdem er schon vor dem Krieg gereist war, galt es nun, das am Boden liegende Europa neu auszumessen. Seine Reisen führten ihn nach Italien und Frankreich, nicht weniger in den Osten, nach Prag und Berlin, nach Wien, Warschau, Breslau. Er schilderte die Zerstörungen und den Wiederaufbau, auch den kulturellen, er schrieb über Schuld und Verschontsein. Anders als Autoren aus der Schweiz, die etwas älter waren als er, konnte der bei Kriegsende vierunddreißigjährige Frisch den Anschluss an die neue Literatur schaffen. Nicht zuletzt übers Theater. Unter dem Einfluss von Bertolt Brecht und Thornton Wilder dachte er im Stück *Nun singen sie wieder. Versuch eines Requiems* (1945) über den vergangenen Krieg nach. Es sollte als «Spiel» die Reflexion der Zuschauer in Gang bringen, keineswegs aber ein «wirkliches Geschehen» vortäuschen, «das ungeheuer ist», wie der Autor in einem Nachsatz von 1946 betonte. Unter dem Eindruck der Atombombenabwürfe über Hiroshima und Nagasaki entstand im gleichen Jahr die Farce *Die Chinesische Mauer*. Max Frisch wurde eine der großen Stimmen der Nachkriegsliteratur.

Entfremdung war für ihn bald schon ein Stichwort. Entfremdung vom eigenen Ich aufgrund der Entfremdung von der privaten und öffentlichen Lebenswelt. «Vielleicht bin ich niemand», sagt Stiller. Entfremdung von der innersten Seele aufgrund der Entfremdung in der eigenen Arbeit: In *Stiller* und *Homo faber* haben sich Problembewusstsein und Rebellion einer ganzen intellektuellen Schicht verdichtet. – *Mein Name sei Gantenbein* (1964): Das bis heute in seiner Fülle unerkannte Romanexperiment führt vor Augen, dass nur der leben und leben lassen kann, der nicht sehen will und der in dieser Erfolgsgesellschaft keine Erfolgsansprüche signalisiert.

Das *Tagebuch 1966–1971* stellt Diagnosen, erzählt Geschichten von Krisen einer Zivilisation im Kalten Krieg, nicht zuletzt von Krisen in Amerika und Russland. – Das Spätwerk, *Montauk, Triptychon, Der Mensch erscheint im Holozän* und *Blaubart:* Rückzüge sind hier vermeldet, die Ängste der Postmoderne.

Ein ganzes Zeitalter also ist in dieses Werk eingegangen – bis hin in unsere Tage, wo sich nach dem Zusammenbruch der totalitären Regimes im Osten auch die westliche Welt neue geschichtliche Zusammenhänge ertastet: Das werden andere literarisch anfassen müssen.

Max Frisch hat schon in den frühen dreißiger Jahren geschrieben: mit dreiundzwanzig den Roman *Jürg Reinhart. Eine sommerliche Schicksalsfahrt*, daneben Reiseskizzen, Feuilletons, Tagebuchähnliches. 1937 folgte der Bergroman *Antwort aus der*

Stille, den er später verstieß. 1939 entstand im Tessiner Grenzdienst ein unscheinbares Büchlein von hoher Komplexität: *Blätter aus dem Brotsack*. Das Tagebuch beschwor die Atmosphäre von Bedrohung, den Verlust einer selbst zu bestimmenden Existenz. Nach jahrelangen Mühen habe man vor dem Krieg endlich einen Ausweg gesehen, eine Bereinigung der eigenen ungelösten Lebenssituation. Mit der Schriftstellerei wollte Frisch eigentlich Schluss machen. Jetzt fühlt er sich zurückgeworfen «von einer großen und scheinbar mutwilligen Hand». Doch man wisse, man sei nicht der Einzige, der sich in diesen Tagen wie ein armseliger Käfer vorkomme. Der Schreibende fühlt sich trotzdem der Landschaft näher als den Menschen. Wenn man im Kantonnement erwache, glotze man durch den zerrissenen Schlaf in die bekannten, im Grunde so fremden Gesichter.

Eine neue Bedingung für das Schreiben schafft hier also der Militärdienst, so skeptisch dieser von Frisch schon damals eingeschätzt wird. Kein Wunder, dass ihm die Armee insgeheim zum Mythos geworden ist, den er in verschiedenen Phasen, im *Dienstbüchlein* (1974) und dann im Palaver *Schweiz ohne Armee?* (1989) demontieren musste. Friedrich Dürrenmatt hat den Zusammenhang in *Turmbau* (1990) erörtert: «Frisch schreibt seit 1931, er war im Ausland, der Zweite Weltkrieg warf ihn in die Schweiz zurück, in die Armee. Er kommt von diesem Erlebnis nicht los.»

Was immer er anpackte, welche dichterische Figur und welche dichterische Gattung, Frisch suchte *seine* Wahrheit. Diese Gewissenhaftigkeit basierte auf der Erkenntnis, nur sich selber verpflichtet zu sein und nur sich selber als Prüfstein zu haben. Das ist nicht narzisstisch, nicht erholsam. Ein anderer Bezugspunkt aber war für ihn nicht auszumachen.

Welche Fülle von Varianten dieser Bezugspunkt hergab, zeigen die so unterschiedlich durchkomponierten Romane und Stücke im Ganzen, die Geschichten, Szenen, Situationen im Einzelnen. Das erweist die Vielfalt der von Frisch geschaffenen Figuren, nicht nur der männlichen. Nur in der Phantasie – als Schriftsteller also – glaubte er, könne der Mensch wenigstens einen Teil der Leben leben, die ihm angeboten wären. So sind auch die Tonarten bei ihm mannigfach gestimmt: komisch, dann wieder trist; poetisch sanft und zart; tiefsinnig, kompliziert, ja stur hintersinnig oder hart und illusionslos.

Er kämpfte gegen fixe Vorstellungen davon, wie einer zu sein habe, damit er akzeptabel sei in der Weltgeschichte. Sein Dichten war ein einziger unablässig neu geleisteter Positionsbezug gegen jedwede Autorität. Den andern neue Normen, neue Leitlinien hinzumalen wäre ihm als schreckliche Vereinfachung, als Flucht in die Unwahrheit erschienen. Die Ich-Darstellung dominierte sein Schaffen, musste bei ihm konsequenterweise dominieren, von *Jürg Reinhart* (1934) bis zu *Blaubart* (1982).

Wie aber, wenn einer das Bild, das er von sich selber hat, nicht mag? Wenn er der Gestalt, von der seine Romane, Dramen, Erzählungen, Tagebücher zehren, nur mit tiefstem Misstrauen begegnet? Dann ist er ja geradezu genötigt, sie immer neu in Stücke zu schlagen. Das heißt aber auch, er muss sie dann wieder zu fassen suchen, wieder zusammenbringen. Von da kommt die ungewöhnliche Regenerationskraft des Schreibens von Max Frisch. Jedes seiner Werke setzt, nicht zuletzt auch formal, neu an.

Sich selber ohne Leitidee zum Thema zu haben und aus der eigenen Person auch ganz andere Figuren, Spannungsfelder zu formen, das heißt der Zeit ausgeliefert sein mit Haut und Haar. Dieses Hineingerissensein in die Zeit auszuhalten, dazu die Kälte der Selbstzweifel und die Distanz des unerbittlichen Gestalters: Es forderte ein Äußerstes an Energie und führte zu einem unvergleichlichen Œuvre.

Schaffen aus dem eigenen Ich heißt nicht, dies sei nachdrücklich betont, dieses eigene Ich einfach abbilden, auch wenn es in einigen Werken bis zur Selbstentblößung kommt. Nein, dieses Ich war nur der einzige Stoff, aus dem Figuren, Parabeln, pointierte Erzählungen, ja schneidende Komik sich gestalten konnten. Was die Gestaltung antrieb, war die Tatsache, dass dieser Autor sein Ich nie in einer endgültigen Form akzeptierte. Da die neuen Formen aber sich stets in der aktuellen Gegenwart bildeten, haben sie Bezug zu dieser Gegenwart. So entstanden fast mythische Bilder, die unser Denken bestimmt haben, angefangen von Stiller, der nicht mehr er selber sein will, bis zum alten Geiser, der seine Schrumpfexistenz in Natur und Erdgeschichte aufhebt.

Auf diese Weise verhalf Frisch seit den späten vierziger Jahren der ganzen Gesellschaft zu Selbsterkenntnis, machte Eigendeutung möglich, auch Selbstkritik – selbst dann, wenn diese ganz anders ausfiel als beim Initiator. Eigene Wahrheitsarbeit bringe immer auch jene der anderen in Gang, hat der Autor einmal in einem Gespräch gemeint.

Er schonte sich selber nicht, wie konnte er die Welt, in der er stand, schonen?

Weiterleben. Am 15. Mai 2011 würde Frisch hundert Jahre alt. Wie steht er heute da? Mit seinem Namen verbinden sich noch immer die unterschiedlichsten Meinungen. Sie pendeln in der Regel zwischen Akklamation und rabiater Ablehnung. Mit kühler Wertschätzung kann Frisch seltener rechnen. Eine Tendenz heißt: Den kennt man. Man weiß alles über ihn. Und dann wird aufgezählt: Bildnisverbot, Identitätskrise, Geschichten wie Kleider, linker Kritiker, ewiger Nörgler. Am Autor Max Frisch kleben in der Öffentlichkeit die immer gleichen Etiketten. Dagegen würde nur neue Lektüre helfen. Ein bisschen an den Etiketten zu kratzen ist die Absicht dieses Buches.

Sicher war er voller Widersprüche. Die ältesten seiner alten Freunde erzählen von seinen Wutausbrüchen, seiner maßlosen

Eifersucht. Andere aber haben gerade auch vom älteren Frisch unverbrüchliche Freundschaft und Solidarität erfahren. Uwe Johnson und Otto F. Walter etwa – und gewiss Peter Bichsel.

Er bleibt umstritten. Manche seiner Phantasien mögen alltägliche Realität geworden sein. Fernweh und ständige Aufbrüche bestimmen nicht mehr unbedingt die Vision eines lebendigeren Lebens. Sie sind Teil der Forderungen und Überforderungen mitunter harter wirtschaftlicher Gegebenheiten … In den neunziger Jahren – bald nach seinem Tod – geriet Frisch bei den Feministinnen in Verruf. Vor allem bei Leserinnen, die sich mit seiner einstigen Geliebten, der Dichterin Ingeborg Bachmann, und ihrem *Todesarten*-Projekt identifizierten. *Malina*, das dazu gehörende Romanfragment, war noch zu ihren Lebzeiten erschienen. Anderes, *Der Fall Franza* etwa, erst Jahre nach ihrem Verbrennungstod. Die kritische Ausgabe erschien 1995. Drei Jahre später kamen von ihr *Letzte, unveröffentlichte Gedichte* heraus, darunter besonders schmerzvolle, die unmittelbar nach der Trennung von Frisch zwischen Frühling 1963 und Ende 1965 in Berlin entstanden waren. In allen diesen Werken ist die Rede von brutaler Männergewalt. Der Naziterror setze sich fort bei den Männern im Nachkrieg, meinte Bachmann. Bei ihren Anhängerinnen wurde Frisch zum Zerstörer der leidenden Dichterin, zum «Ungeheuer mit Namen Frisch» gestempelt – in Anlehnung an den Satz in *Undine geht*: «Ihr Ungeheuer mit Namen Hans!» Inzwischen hat sich die Aufregung wieder gelegt. «Das Ende haben wir nicht gut bestanden, beide nicht», notiert Frisch in *Montauk* zu dieser Beziehung voller gegenseitiger Abhängigkeiten und Befreiungsschläge.

Am schwersten hat er es noch immer in Zürich. Man hält ihm zwar seinen Einsatz für die moderne Literatur anlässlich des Zürcher Literaturstreits von 1966 zugute. Man findet es noch immer richtig, dass er damals der einseitigen Klassikerpflege von

Emil Staiger und manchen anderen entgegengetreten war. Auch seine jahrzehntelange Fehde mit der *Neuen Zürcher Zeitung* dürfte kaum mehr nachwirken. Man erinnert sich: Die tiefe Spaltung zwischen dem tonangebenden Blatt und Frisch, seinem inspirierten Feuilletonisten während der dreißiger und frühen vierziger Jahre, geht auf eine Bemerkung des Inlandredaktors Ernst Bieri zurück. Nachdem die Uraufführung des Stücks *Nun singen sie wieder* im März 1945 im Feuilleton gelobt worden war, monierte Bieri in einem Leitartikel vom Mai 1945, das Drama relativiere die deutsche Kriegsschuld. Eine Richtigstellung Frischs wurde nicht abgedruckt. Danach ging's in sturer Feindschaft weiter, unnötig lange. Daniel Foppa hat die Fakten in seinem Buch *Max Frisch und die NZZ* (2003) zusammengetragen.

Doch in seiner «Vaterstadt» wird ein Berühmter aus intimer Nähe beurteilt. Ursula Priess, Frischs älteste Tochter, hat zwar 2009 ein subtiles Buch vorgelegt: *Sturz durch alle Spiegel.* Es zeichnet das Bild eines wirklichen Vaters, auch wenn es ein schwieriger Vater war, einer, der entfernt lebte. Trotzdem scheinen manche, gerade ältere Mitbürger, noch jetzt mit Frisch zu hadern, weil er in den fünfziger Jahren seine hochangesehene Frau Gertrud Constanze von Meyenburg samt den drei Kindern verlassen hat. Privates scheint länger haften zu bleiben als Öffentliches. Ich erinnere mich, wie Professoren der Uni Zürich noch in den sechziger Jahren betonten, Gottfried Keller werde in der Stadt unterschätzt, nicht weil man seinen *Grünen Heinrich* nicht goutiere, sondern weil er da noch immer als Trunkenbold und brummiger Einzelgänger gelte. Heute ist Keller aus der privatlokalen Sphäre entlassen. Niemand redet in Zürich mehr hämisch von ihm. Es gibt nur noch Keller als den großen Dichter des deutschsprachigen 19. Jahrhunderts. Frisch braucht also hierzulande noch etwas Zeit.

In den Schulen nicht nur der Schweiz gehört Frisch weiterhin zu den meistgelesenen Autoren. Das ist ein andauernder Erfolg, aber auch ein Problem. Für sehr viele verbindet sich mit den Büchern, die sie lesen mussten, über die sie Aufsätze zu schreiben hatten, in der Erinnerung ein Überdruss, der sich nur schwer verliert. Das kann mit mancherlei zusammenhängen: langweiligen Lehrern, halbverstandnen Texten, Problemen, für die man damals noch nicht sensibilisiert war. Man hat diese Lektüre hinter sich gelassen wie die Turbulenzen der Pubertät und mag davon nichts mehr hören. Auf reflexhaft ablehnende Reaktionen dieser Art trifft man häufig. Auch andere Schulklassiker sind davon betroffen. Nicht zuletzt sitzt Frischs schwieriger Freund Friedrich Dürrenmatt mit ihm hier für einmal im selben Boot.

Dagegen hilft nur neues Lesen, welches die scheinbar vertrauten Werke anders zeigt – oder überhaupt erst zeigt. Es muss aber gewagt werden, gegen den spontanen Überdruss. Wo dies geschieht, kann man dann tatsächlich einer neuen Begeisterung für den Autor begegnen. Im Zusammenhang mit *Stiller*, aber insbesondere auch mit dem ersten Tagebuch hört man sehr oft solche Berichte. Dieses scheint mit seinem Bewusstsein einer ungesicherten Zeit und seinem Ringen um den gerechten Blick einen besonderen Nerv der Gegenwart zu treffen. Gesagt werden muss aber auch, dass aus den Schulen, die heute einen weniger dogmatischen Umgang mit der Literatur pflegen und die Schüler ihren eigenen Weg suchen lassen, oft begeisterte Frisch-Leser hervorgehen, die von den zirkulierenden Klischees nichts wissen, auch nichts wissen wollen, die einfach hingerissen sind von der Farbigkeit und der Rasanz dieses Erzählers.

1978 wurde der hundertste Geburtstag von Robert Walser gefeiert. Er geriet zum Triumph für einen Dichter, der bisher mehr ein Geheimtipp, ein Vergnügen der Kenner gewesen war. Durch das Jubiläum, das zusammenfiel mit der Übernahme des Werks durch den Suhrkamp Verlag, rückte Walser mit Macht in das breite kulturelle Bewusstsein, und es setzte eine ganz neue Auseinandersetzung mit ihm ein, begleitet von einer bisher ungekannten Verbreitung seiner Bücher durch das gezielte Handeln eines dynamischen Verlags. Auch für den hundertjährigen Frisch wird auf dem Buchmarkt einiges getan, aber die Verjüngung eines Erfolgreichen ist schwieriger als die eines fast Unbekannten. Sicher ist, dass in Frischs Werk unentdeckte Energien und durch Gemeinplätze verstellte Wahrheiten stecken, deren Aufspüren die Sache der heutigen Leserinnen und Leser ist. Es gibt Anzeichen dafür, dass dies in Gang kommt und Max Frisch für viele wache Geister wieder zu einem jugendlichen Zeitgenossen wird.

Quellenangaben und Literaturhinweise

Max Frisch, *Gesammelte Werke in zeitlicher Folge.* Sieben Bände. Hrsg. von Hans Mayer unter Mitwirkung von Walter Schmitz. Frankfurt am Main 1976–1986.

Wenn nicht anders vermerkt, stammen die Zitate aus dieser Ausgabe.

Max Frisch, *Stich-Worte.* Ausgesucht von Uwe Johnson. Frankfurt am Main 1975.

Max Frisch, *Schweiz ohne Armee? Ein Palaver.* Zürich 1989.

Max Frisch, *Schweiz als Heimat? Versuche über 50 Jahre.* Hrsg. und mit einem Nachwort versehen von Walter Obschlager. Frankfurt am Main 1990.

Max Frisch/Friedrich Dürrenmatt, *Briefwechsel.* Hrsg. von Peter Rüedi. Mit einem Essay des Herausgebers. Zürich 1998.

Max Frisch, *Jetzt ist Sehenszeit. Briefe, Notate, Dokumente 1943–1963.* Hrsg. und mit einem Nachwort versehen von Julian Schütt. Im Auftrag der Max Frisch-Stiftung. Frankfurt am Main 1998.

Max Frisch/Uwe Johnson, *Der Briefwechsel 1964–1983.* Hrsg. von Eberhard Falke. Frankfurt am Main 1999.

Max Frisch, *‹Im übrigen bin ich immer völlig allein›. Briefwechsel mit der Mutter 1933.* Hrsg. von Walter Obschlager. Frankfurt am Main 2000.

Max Frisch, *Journalistische Arbeiten 1931–1939.* Hrsg. von Carsten Niemann unter Mitwirkung von Walter Obschlager. Hannoversche Hefte zur Theatergeschichte, Doppelheft 11. Hannover 2001.

Max Frisch, *‹Es wird nicht über Literatur gesprochen›. Zürich Letzigraben 1942–1949.* Hrsg. von Walter Obschlager. Zürich 2007.

Max Frisch, *Schwarzes Quadrat. Zwei Poetikvorlesungen.* Hrsg. von Daniel de Vin unter Mitarbeit von Walter Obschlager. Mit einem Nachwort von Peter Bichsel. Frankfurt am Main 2008.

Max Frisch, *Antwort aus der Stille. Eine Erzählung aus den Bergen.* Mit einem Nachwort von Peter von Matt. Frankfurt am Main 2009.
Max Frisch, *Skizze eines Unglücks*, und Uwe Johnson, *Skizze eines Verunglückten.* Mit einem Nachwort von Norbert Mecklenburg. Frankfurt am Main 2009.
Max Frisch, *Entwürfe zu einem dritten Tagebuch.* Hrsg. und mit einem Nachwort von Peter von Matt. Berlin 2010.
Max Frisch, *Die Schwierigen oder J'adore ce qui me brûle.* Roman. Mit einem Nachwort von Lukas Bärfuss. Kollektion Nagel & Kimche. Zürich 2010.

Begegnungen. Eine Festschrift für Max Frisch zum siebzigsten Geburtstag. Frankfurt am Main 1981.
Volker Hage, *Max Frisch. Mit Selbstzeugnissen und Bilddokumenten.* Hrsg. von Kurt und Beate Kusenberg. Reinbek bei Hamburg 1983.
Petra Hagen, *Städtebau im Kreuzverhör. Max Frisch zum Städtebau der fünfziger Jahre.* Zürich 1986.

Ingeborg Bachmann, *Todesarten-Projekt.* Bde. 1–6. Kritische Ausgabe. Unter der Leitung von Robert Pichl, hrsg. von Monika Albrecht und Dirk Göttsche. München 1995.
Ingeborg Bachmann, *Letzte, unveröffentlichte Gedichte, Entwürfe und Fassungen.* Edition und Kommentar von Hans Höller. Frankfurt am Main 1998.
Albert Camus, *Heimkehr nach Tipasa. Mittelmeer-Essays.* Zürich 1984.
Albert Camus, *Literarische Essays.* Hamburg o. J.
Friedrich Dürrenmatt, ‹Stiller›, Roman von Max Frisch. ‹Fragment einer Kritik›. In: *Über Max Frisch.* Hrsg. von Thomas Beckermann. Frankfurt am Main 1971.
Ludwig Hohl, *Und eine neue Erde.* Hrsg. von Johannes Beringer. Frankfurt am Main 1990.
Sören Kierkegaard, *Entweder – Oder.* Bde. 1 und 2 in: *Gesammelte Werke.* Gütersloh 1979.
Luigi Pirandello, *Mattia Pascal.* Aus dem Italienischen von Sabine Schneider. Nachwort von Federico Hindermann. Zürich 1995.

Luigi Pirandello, *Einer, keiner, hunderttausend.* Deutsche Gesamtausgabe der Romane. Erster Band. Hrsg. von Hans Feist. Deutsche Übertragung von Hans Feist. Zürich 1928.
Jean-Paul Sartre, *Situationen. Essays.* Reinbek bei Hamburg 1965.
Jean-Paul Sartre, *Was ist Literatur. Ein Essay.* Reinbek bei Hamburg 1950.
Albin Zollinger, *Gedichte.* In: *Werke in sechs Bänden*, Bd. 4. Hrsg. von Silvia Weimar, mit einem Nachwort von Beatrice von Matt. Zürich 1983.

Drucknachweise

Alle Texte, die auf frühere Veröffentlichungen zurückgehen, wurden für dieses Buch umgeschrieben oder substantiell erweitert.

‹Momente der Erinnerung›: Erstdruck.

‹Alle Küsten dieser Erde: Max Frischs Vorstoß zum Meer›: Erstdruck. Grundlage ist ein Vortrag, gehalten am 20. Mai 2008 in der Semper-Aula der Eidgenössischen Technischen Hochschule Zürich.

‹Das verminte Gelände der Liebe: Max Frisch und Uwe Johnson›: Grundlage ist ein Beitrag in: *Neue Zürcher Zeitung*, Beilage Literatur und Kunst, 19. 9. 2009.

‹Das vergessene Vorbild: Max Frisch und Luigi Pirandello›: Erstdruck.

‹Erfahrung als Experiment: der *Gantenbein*-Roman›: Grundlage ist das Nachwort zu *Mein Name sei Gantenbein*, Lizenzausgabe, Zürich 1988.

‹Wer Heimat sagt, nimmt mehr auf sich: die Auseinandersetzung mit der Schweiz›: Grundlage ist ein Vortrag, gehalten am Symposion «Heimat – Zu einem kulturideologischen Begriff des 19. und 20. Jahrhunderts» am Institute of Germanic Studies, University of London, im Oktober 1990. Gedruckt in: *Heimat im Wort. Problematik eines Begriffs im 19. und 20. Jahrhundert.* Hrsg. von Rüdiger Görner, München 1992.

‹Ein anderer Montaigne: zu den Notaten und Briefen›: Grundlage ist eine Besprechung in: *Neue Zürcher Zeitung*, 28. 5. 1998.

‹Die ‚Rede vor jungen Ärztinnen und Ärzten'›: Grundlage ist ein Bericht in: *Neue Zürcher Zeitung*, 11. 12. 1984.

‹Endzeitfiguren›: Grundlage ist ein Beitrag in: *Neue Zürcher Zeitung*, Beilage Literatur und Kunst, 10. 5. 1986.

‹Behaust – unbehaust: das Dilemma zwischen Architektur und Schriftstellerei›: Grundlage ist ein Beitrag in: *jetzt: max frisch.*

Hrsg. von Luis Bolliger, Walter Obschlager, Julian Schütt. Frankfurt am Main 2001.

‹Kunst gegen Parolen: die New Yorker Poetikvorlesungen›: Erschienen in: *Neue Zürcher Zeitung*, 25. 8. 2008.

‹Tod und Weiterleben. 1991. 2011›: Grundlagen sind der Nachruf ‹Der große Gestalter, der unerbittliche Deuter. Zum Tod von Max Frisch›, in: *Neue Zürcher Zeitung*, 5. 4. 1991, sowie der Beitrag ‹Herr Geiser und die Sintflut. Zum Spätwerk von Max Frisch› in: *Leben gefällt mir. Begegnung mit Max Frisch.* Hrsg. von Daniel de Vin. Brüssel 1992.

Inhalt